초능력 국어 독해를 사면 초능력⁺쌤이 우리집으로 온다!

▶ 초능력 쌤과 함께하는 지문 분석 동영상 강의 무료 제공

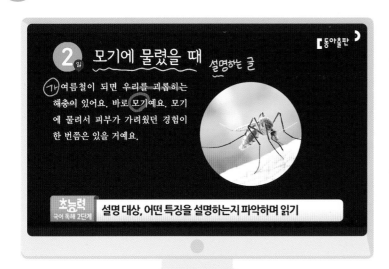

2일 모기에 물렸을 때 설명하는 글

가 여름철이 되면 우리를 괴롭히는 해충이 있어요. 바로 모기예요. 모기에 물려서 피부가 가려웠던 경험이 한 번쯤은 있을 거예요.

초능력 국어 독해 2단계 | **설명 대상, 어떤 특징을 설명하는지 파악하며 읽기**

글이 조금만 길어도 어떻게 읽어야 할지 막막해요. 도와줘요~ 초능력 쌤!

 그건 독해를 할 때 지문 구조를 생각 하지 않고 되는대로 읽기 때문이야.

 지문 구조요? 글을 읽고 내용만 알면 됐지, 지문 구조도 생각해야 해요?

 3개의 지문 분석 강의를 보면 쉽게 알 수 있어. 지금 바로 스마트러닝에 접속해 봐.

 초능력 쌤이랑 공부하니 제대로 독해를 할 수 있게 되었네요!

📶 초능력 국어 독해 무료 스마트러닝 접속 방법

방법 **1**

방법 **2**

무료 스마트러닝

동아출판 홈페이지 www.bookdonga.com에 접속 하면 초능력 국어 독해 무료 스마트러닝을 이용할 수 있습니다.

핸드폰이나 태블릿으로 **교재 표지나 본문에 있는 QR코드**를 찍으면 무료 스마트러닝에서 지문 분석 동영상 강의를 이용할 수 있습니다.

초능력⁺쌤과 키우자, 공부힘!

국어 독해

예비 초등~6학년(전 7권)

- 30개의 지문을 글의 종류와 구조에 따라 분석
- 지문 내용과 관련된 어휘와 배경지식도 탄탄하게 정리

수학 연산

1학년~6학년(전 12권)

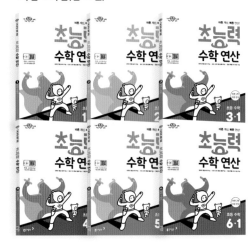

- 학년, 학기별 중요 연산 단원 집중 강화 학습
- 원리 강의를 통해 문제 풀이에 바로 적용

맞춤법＋받아쓰기

예비 초등~2학년(전 3권)

- 맞춤법의 기본 원리를 이해하기 쉽게 설명
- 맞춤법 문제도 재미있는 풀이 강의로 해결

구구단 / 시계·달력 / 분수

1학년~5학년(전 3권)

- 초등 수학 핵심 영역을 한 권으로 효율적으로 학습
- 개념 강의를 통해 원리부터 이해

비주얼씽킹 초등 한국사 / 과학

1학년~6학년(각 3권)

- 비주얼씽킹으로 쉽게 이해하는 한국사
- 과학 개념을 재미있게 그림으로 설명

급수 한자

8급, 7급, 6급(전 3권)

- 급수 한자 8급, 7급, 6급 기출문제 완벽 분석
- 혼자서도 한자능력검정시험 완벽 대비

초능력

국어 독해

2 단계
학년

"초능력 국어 독해"가 필요한 이유 Q&A

1 독해력이 무엇인가요?

독해는 '讀 읽을 독, 解 풀 해', 즉 글을 읽어서 그 뜻을 이해한다는 뜻의 말이에요. 따라서 독해력은 글을 읽는 능력을 뜻하지요. 독해력은 모든 공부의 기본입니다. 바르게 독해만 할 수 있다면 국어를 비롯해 수학, 사회, 과학과 같은 과목 공부도 그 내용을 정확하게 이해하고 문제를 해결할 수 있기 때문입니다.

2 독서를 많이 하면 독해력이 길러지나요?

꼭 그렇지만은 않습니다. 물론 독서는 독해력의 기본 바탕이지만, 무조건 책을 많이 읽는다고 독해력이 향상되는 것은 아닙니다. 평소 글의 중요 내용을 파악하고, 스스로 정리해 보는 습관을 가지는 것이 더 중요합니다. 또, 설명문, 논설문, 시, 동화 등 다양한 종류의 글을 매일 접하며 글의 앞뒤 맥락을 파악하고 감상하는 것이 필요합니다.

3 독해력을 기르려면 어떻게 해야 하나요?

첫째, 글의 종류에 맞는 독해 방법을 잘 알아야 합니다. 설명문, 논설문과 같은 글은 객관적인 정보나 글쓴이의 생각을 찾아보는 것이 중요합니다. 또, 시, 동화와 같은 글은 표현 방법이나 글쓴이의 마음을 이해하는 것이 중요합니다. 둘째, 처음 보는 낯선 내용의 글, 쉬운 글부터 어려운 글, 짧은 글부터 긴 글까지 꾸준히 독해 연습을 해야 합니다.

4 독해력을 기르면 어휘 능력, 글쓰기 능력도 키워지나요?

한 편의 글은 수많은 어휘가 의미 있게 모여 완성됩니다. 따라서 어휘의 뜻을 바르게 알고 있어야 독해를 제대로 할 수 있고, 글에 쓰인 다양한 어휘의 뜻을 알아 두면 자연스럽게 어휘 능력도 향상됩니다. 그리고 독해는 결국 하나의 핵심을 파악하는 것이 목적인 활동이므로, 글을 읽고 핵심 문장을 쓰는 글쓰기 능력도 함께 키울 수 있습니다.

그래서 초능력 국어 독해가 만들어졌습니다!

▶ "초능력 국어 독해"는 예비 초등 ~ 초등 6학년의 독해 수준에 맞게 단계별로 구성하여 권장 학년에 따라 학습할 수 있습니다. 독해력이 다소 부족한 경우에는 낮은 단계를 선택해 독해력을 다지기도 좋습니다. 또, 교과 연계 글을 수록하여 자연스럽게 바슬즐, 국어, 사회, 과학, 역사, 예체능 교과의 지식을 습득하고, 글을 읽는 능력까지 기르도록 하였습니다.

▶ "초능력 국어 독해"로 하루에 2개 지문을 독해, 6주 완성! 평소 긴 글을 읽기 싫어하는 친구도 60개의 폭넓은 소재로 쓰인 글을 30일이면 부담 없이 쉽고 재미있게 학습할 수 있습니다. 또, 글의 주제·구조·표현 방법·배경·인물 파악 등 다양한 유형의 독해 문제를 풀면서 중요 내용을 빠르고 정확하게 이해할 수 있습니다.

▶ "초능력 국어 독해"로 설명문, 논설문, 안내문, 광고문, 시, 창작 동화, 전래 동화, 세계 명작 동화, 희곡, 수필 등 여러 갈래의 글을 접할 수 있습니다. 또, 사회, 과학, 문학, 인물, 예술, 스포츠 영역의 여섯 가지 주제별 글을 독해하며 배경지식까지 풍부하게 쌓을 수 있습니다.

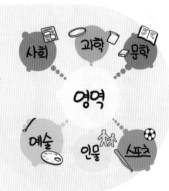

▶ "초능력 국어 독해"로 독해를 하기 위해 꼭 필요한 어휘와 자세히 알아 두면 좋은 어휘를 간단하고 재미있는 퀴즈로 풀며 어휘 실력을 쌓을 수 있습니다. 그리고 자신이 읽은 글의 핵심 내용을 마지막으로 정리해 보는 훈련을 반복적으로 하며 논리적인 글쓰기 능력까지 기를 수 있습니다.

글의 종류를 먼저 파악하고 그에 맞게
차분히 글을 읽으며 내용을 이해하세요.

하루 2개 지문 독해 도전

2

지문 분석 강의

QR 코드를 찍어 매일 새로운
지문의 분석 방법을 배우며
독해 연습을 꾸준히 하세요.

1
일

현진이의 가족 소개

사회
다양한 가족의
모습

안녕? 나는 유현
을 소개해 줄게. 나는
니, 아버지, 어머니
살아. 가족이 참 많지
할아버지께서는 여
지도하는 학교 선생님
퇴직하시고 숲 해설
버지께서는 숲속의
서서 건강이 더

할머니께서는 요리를 정말 잘하셔서, 내가 학교에서 되
만들어 주시곤 해, 할머니께서는 요즘 노인 대학에
데 한바탕 장구를 치고 나면 기분이 정말 좋아지
부모님께서는 회사에 다니셔, 부모님
에 나와 동생의 준비물과 아침

2일
과학

나는 거야

4일
예술

나는 진달래

3일
문학

어휘 퀴즈 다음 뜻을 지닌 낱말을 찾아 ✔표 하

❶ 현재의 직업에서 물러남.
- [ ] 입사
- [ ] 퇴직

❷ 느낌이 시원하고 산뜻하다.
- [ ] 거칠다
- [ ] 상쾌하다

3

독해 미리보기

재미있는 그림을 보며 앞으로 읽게
될 글의 내용을 예상해 보세요.

지문 속 어휘 퀴즈

알쏭달쏭 어휘 퀴즈를 풀며 중요하고
헷갈리기 쉬운 어휘의 뜻을 확인하세요.

다양하고 흥미로운 어휘 문제로
학습한 내용의 관련 어휘 실력까지 쌓으세요.

어휘로 한 주 마무리

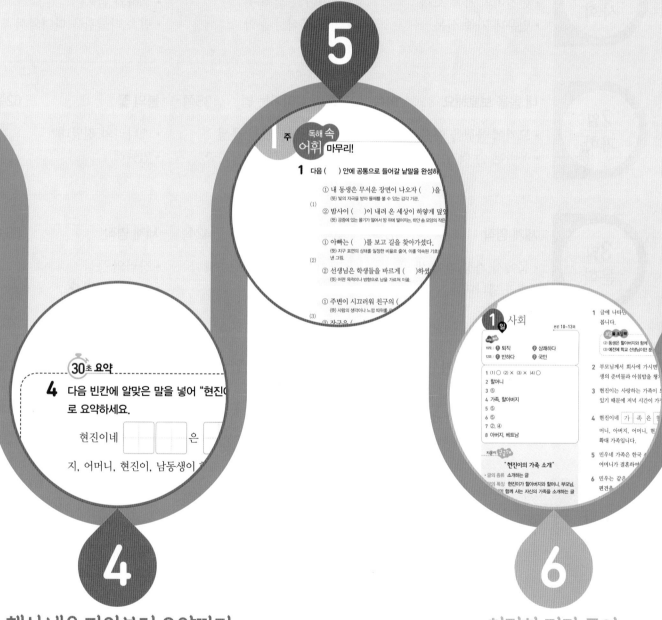

30초 요약

4 다음 빈칸에 알맞은 말을 넣어 "현진이
로 요약하세요.

현진이네 [ ][ ][ ] 은

지, 어머니, 현진이, 남동생이

핵심 내용 파악부터 요약까지

글을 제대로 읽었는지 독해 문제로 확인하고,
글의 핵심 내용을 담은 요약 글을 완성하세요.

친절한 정답 풀이

'독해 비법'과 '오답을 조심해'로
문제 풀이를 완벽하게 하세요.

"초능력 국어 독해"의
차례

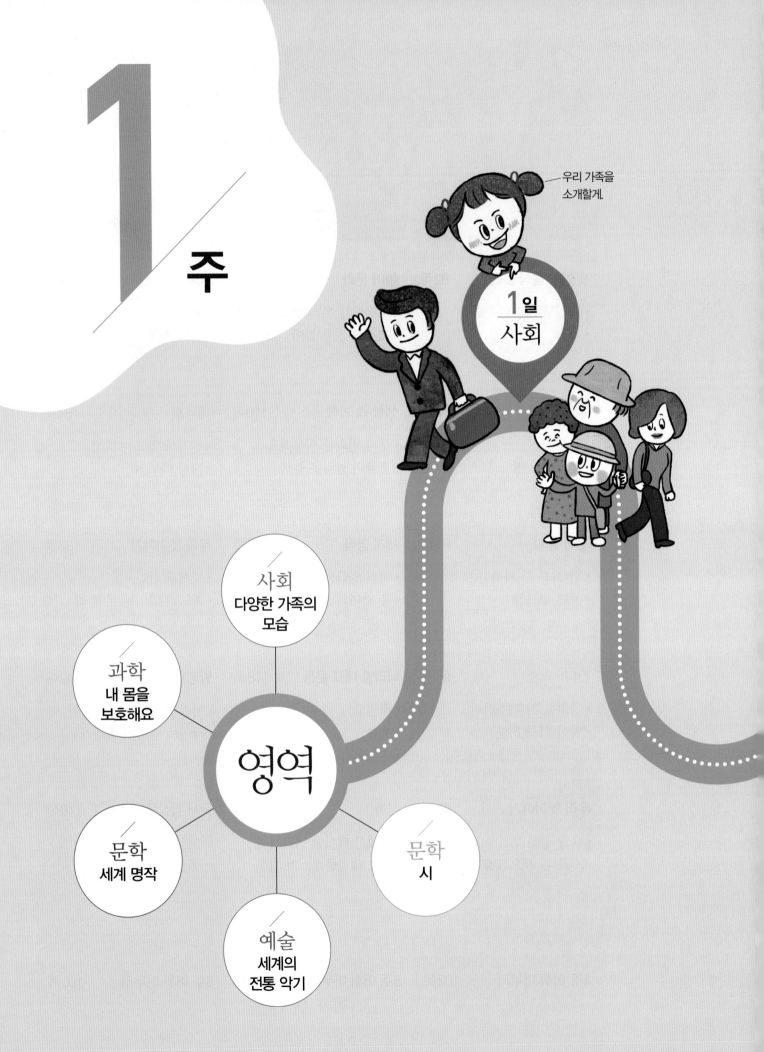

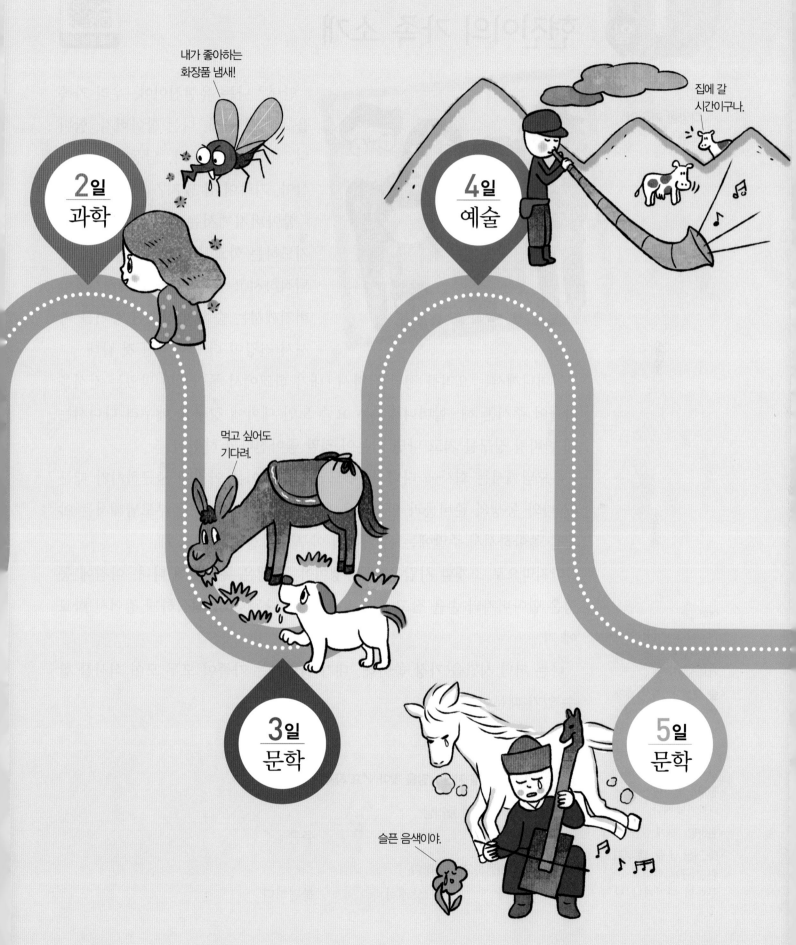

현진이의 가족 소개

사회
다양한 가족의 모습

안녕? 나는 유현진이야. 우리 가족을 소개해 줄게. 나는 할아버지, 할머니, 아버지, 어머니, 남동생과 함께 살아. 가족이 참 많지?

할아버지께서는 예전에 학생들을 지도하는 학교 선생님이셨어. 지금은 퇴직하시고 숲 해설가를 하셔. 할아버지께서는 숲속의 상쾌한 공기를 마셔서 건강이 더 좋아지신 것 같대.

할머니께서는 요리를 정말 잘하셔. 내가 학교에서 돌아오면 맛있는 간식을 만들어 주시곤 해. 할머니께서는 요즘 노인 대학에 장구를 배우러 다니시는데 한바탕 장구를 치고 나면 기분이 정말 좋아진다고 하셨어.

부모님께서는 회사에 다니셔. 부모님께서는 이른 아침에 출근하시기 때문에 나와 동생의 준비물과 아침밥은 할머니께서 챙겨 주셔. 부모님께서는 야구를 좋아하셔서 주말에는 온 가족이 야구장에 놀러 가기도 해.

마지막으로 소개할 사람은 내 동생이야. 동생은 유치원에 다녀. 아침에 동생은 할아버지의 손을 잡고 유치원에 가고, 나는 혼자 씩씩하게 걸어서 학교에 가.

나는 저녁 시간을 가장 좋아해. 내가 사랑하는 가족이 모두 모여 식사를 할 수 있기 때문이야.

어휘 뜻

● **지도하는** 어떤 목적이나 방향으로 남을 가르쳐 이끄는.

● **숲 해설가** 자연 휴양림을 찾는 관광객에게 숲의 생태와 역사 따위를 설명하여 주는 사람.

● **장구** 국악에서 쓰는 타악기의 하나.

● **한바탕** 크게 한판.

● **출근**(出 날 출, 勤 부지런할 근) 일터로 근무하러 나가거나 나옴.

어휘 퀴즈 다음 뜻을 지닌 낱말을 찾아 ✔표 하세요.

❶ 현재의 직업에서 물러남.

☐ 입사   ☐ 퇴직   ☐ 출근

❷ 느낌이 시원하고 산뜻하다.

☐ 거칠다   ☐ 상쾌하다   ☐ 불편하다

1 현진이네 가족에 대한 설명으로 알맞은 것에 ○표, 알맞지 <u>않은</u> 것에 ×표 하세요.

(1) 할아버지는 숲 해설가를 하신다.   (   )

(2) 동생은 나와 함께 유치원에 간다.   (   )

(3) 할머니는 예전에 학교 선생님이셨다.   (   )

(4) 주말에는 온 가족이 야구장에 가기도 한다.   (   )

2 부모님께서 출근하시면 누가 현진이와 동생의 아침밥을 챙겨 주시는지 쓰세요.

(   )

3 현진이가 저녁 시간을 가장 좋아하는 까닭은 무엇인가요? (   )

① 잠을 잘 수 있기 때문에

② 동생과 게임을 할 수 있기 때문에

③ 재미있는 만화 영화를 볼 수 있기 때문에

④ 할머니께서 옛날이야기를 들려주시기 때문에

⑤ 온 가족이 모여 저녁 식사를 할 수 있기 때문에

⏱30초 요약

4 다음 빈칸에 알맞은 말을 넣어 "현진이의 가족 소개"의 핵심 내용을 한 문장으로 요약하세요.

현진이네 [   ][   ]은 [   ][   ][   ][   ][   ], 할머니, 아버지, 어머니, 현진이, 남동생이 함께 사는 확대 가족입니다.

민우네 가족 신문

우리 가족을 소개합니다

제 이름은 한민우입니다. 저는 아버지, 어머니, 남동생, 여동생과 살고 있어요. 어머니께서는 베트남 사람이에요. 아버지께서 어머니를 만나자마자 첫눈에 반해서 결혼하셨다고 해요. 저에게는 쌍둥이 동생이 있는데, 남동생의 이름은 '하'이고 여동생의 이름은 '린'이에요.

한국말을 배우는 엄마

어머니께서는 일주일에 한 번씩 사회 복지관에 가서 한국말을 배우세요. 그곳에는 어머니처럼 다른 나라에서 온 사람들이 많아요. 저는 한국말을 잘하기 위해 열심히 공부하시는 어머니가 자랑스러워요.

정말 속상해!

얼마 전에 동생들과 함께 시장에 갔어요. 그런데 동네 아이들이 우리를 보고 피부가 까맣다고 놀리며 너희 나라로 돌아가라고 소리쳤어요. 우리 고향은 한국이라고 말해도 거짓말이라며 비웃었어요.

아직도 같은 국민이면 피부색도 같아야만 한다는 편견을 가진 아이들이 많아서 정말 답답했어요.

어휘 뜻

- **첫눈** 처음에 보아서 눈에 뜨이는 느낌이나 인상.
- **쌍둥이** 한 어머니에게서 한꺼번에 태어난 두 아이.
- **편견**(偏 치우칠 편, 見 볼 견) 공정하지 못하고 한쪽으로 치우친 생각.

어휘 퀴즈 다음 뜻을 지닌 낱말을 찾아 ✔표 하세요.

1 어떤 사람이나 사물 따위에 마음이 홀린 것같이 쏠리다.

☐반하다 ☐놀리다 ☐실망하다

2 국가를 구성하는 사람. 또는 그 나라의 국적을 가진 사람.

☐국기 ☐국민 ☐국토

5 민우네 가족에 대한 설명으로 알맞은 것은 무엇인가요? (　　　)

① 외국에서 사는 가족이다.

② 아빠와 자녀만 사는 가족이다.

③ 부모와 결혼한 자녀가 함께 사는 가족이다.

④ 할아버지, 할머니가 손주를 키우며 사는 가족이다.

⑤ 서로 다른 나라의 사람이 결혼하여 구성된 가족이다.

6 민우가 동네 아이들이 답답하다고 생각한 까닭은 무엇인가요? (　　　)

① 한국말이 서툴러서

② 베트남이라는 나라를 몰라서

③ 베트남 말을 알아듣지 못해서

④ 피부가 까만 한국 사람을 본 적이 없어서

⑤ 같은 국민이면 피부색도 같아야만 한다는 편견을 가져서

7 이 글로 보아 민우가 겪고 있는 어려움은 무엇인지 두 가지 고르세요.

(　　,　　)

① 집 문제 　　　　　　　② 편견 문제

③ 건강 문제 　　　　　　④ 차별 문제

⑤ 가난 문제 　　　　　　　　　　└•둘 이상의 대상을 각각 등급이나 수준
　　　　　　　　　　　　　　　　　따위의 차이를 두어서 구별함.

🕑 **30초 요약**

8 다음 빈칸에 알맞은 말을 넣어 "민우네 가족 신문"의 핵심 내용을 한 문장으로 요약하세요.

민우네 가족은 한국 사람인 ☐☐☐ 와 ☐☐☐

☐ 사람인 어머니가 결혼하여 이룬 다문화 가족입니다.

모기에 물렸을 때

지문 분석 강의

과학

／ 내 몸을 보호
해요

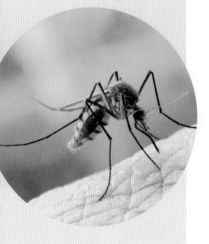

　여름철이 되면 우리를 괴롭히는 해충이 있어요. 바로 모기예요. 모기에 물려서 피부가 가려웠던 경험이 한 번쯤은 있을 거예요.

　모기에 물리면 피부가 부어오르면서 가려움을 느끼게 돼요. 모기의 침 속에는 피가 굳지 않게 하는 물질이 들어 있어요. 모기가 피를 빨 때 이 물질이 우리 몸에 들어와 알레르기를 일으켜서 우리가 가려움을 느끼는 거예요.

　우리는 모기에 물리면 침을 바르거나 손톱으로 눌러 십자(+) 모양을 내곤해요. 또 심하게 긁기도 하지요. 하지만 이런 행동은 하지 않는 것이 좋아요. 사람의 침이나 손톱에는 많은 세균이 있기 때문이에요. 모기 물린 곳에 침을 바르거나 손톱으로 긁으면 세균이 들어가 더 아플 수 있어요.

　모기에 물렸을 때에는 즉시 약을 바르거나 독소가 퍼져 나가지 않도록 얼음이나 찬물로 혈관을 수축시키는 것이 좋아요.

　모기에 물리지 않으려면 주변을 축축하게 만들지 말아야 해요. 모기는 웅덩이나 하수구 등 물이 고여 있는 곳에 알을 낳기 때문이에요. 또 모기는 사람의 땀이나 화장품 냄새 등을 좋아해요. 그래서 땀을 흘린 후에는 깨끗이 씻어야 하고, 향이 약한 화장품을 써야 해요. 모기는 검은색과 같은 어두운색을 좋아하기 때문에 밝은색 옷을 입는 것도 좋은 방법이랍니다.

어휘 뜻

- **물질(物** 물건 물, **質** 바탕 질) 세상의 온갖 것을 이루며, 보고 만질 수 있거나 과학적으로 다룰 수 있는 것.
- **독소** 생물에서 생기는 강한 독성의 물질.
- **혈관(血** 피 혈, **管** 대롱 관) 혈액이 흐르는 관.
- **하수구** 빗물이나 집, 공장, 병원 따위에서 쓰고 버리는 더러운 물이 흘러내려 가도록 만든 도랑.

어휘 퀴즈 다음 뜻을 지닌 낱말을 찾아 ✔표 하세요.

❶ 인간의 생활에 해를 끼치는 벌레를 통틀어 이르는 말.

☐ 곤충　　　☐ 해충　　　☐ 유충

❷ 근육 따위가 오그라듦.

☐ 압축　　　☐ 수축　　　☐ 농축

1 모기에 물렸을 때 가려움을 느끼게 하는 물질은 어디에 있나요? (   )

① 모기의 눈   ② 모기의 침   ③ 모기의 다리
④ 모기의 날개   ⑤ 모기의 피부

2 모기에 물렸을 때 해야 할 올바른 행동을 두 가지 고르세요. (,   )

① 물린 곳에 침을 바른다.
② 물린 곳에 약을 바른다.
③ 물린 곳을 살살 긁는다.
④ 물린 곳에 얼음찜질을 한다.
⑤ 물린 곳을 손톱으로 꾹 누른다.

3 모기에 물리지 않는 방법으로 알맞지 <u>않은</u> 것은 무엇인가요? (   )

① 검은색 옷을 입는다.
② 하얀색 옷을 입는다.
③ 향이 약한 화장품을 쓴다.
④ 땀을 흘리면 깨끗이 씻는다.
⑤ 주변을 축축하게 만들지 않는다.

30초 요약

4 다음 빈칸에 알맞은 말을 넣어 "모기에 물렸을 때"의 핵심 내용을 한 문장으로 요약하세요.

☐☐ 에 물렸을 때에는 즉시 약을 바르거나 얼음이나 ☐☐

☐ 로 혈관을 수축시켜야 합니다.

과학
/ 내 몸을 보호
해요

올바른 손 씻기

학부모님, 안녕하십니까?

자녀들의 건강한 생활을 위해 손을 깨끗이 씻으면 좋은 점과 올바른 손 씻기 방법을 알려 드리니 가정에서도 실천할 수 있도록 지도해 주시기 바랍니다.

1. 손 씻기로 감염병 예방하기

감염병은 코나 입으로 세균이 들어와 걸리는 경우가 많습니다. 세균이 묻은 손으로 얼굴을 만지면 세균이 몸속으로 들어와 각종 질병을 일으키게 됩니다. 따라서 손을 깨끗이 씻으면 감염병에 걸릴 확률을 낮출 수 있습니다.

2. 올바른 손 씻기 방법

손으로 더러운 물건을 만졌거나 밖에 나갔다 들어왔을 때, 화장실에 다녀온 후, 식사를 하기 전 등에는 반드시 손을 씻어야 합니다.

손을 씻을 때에는 비누를 이용해 흐르는 물에 30초 이상 씻어야 합니다. '올바른 손 씻기 6단계'에 따라 손을 씻도록 합시다.

동아초등학교장 올림

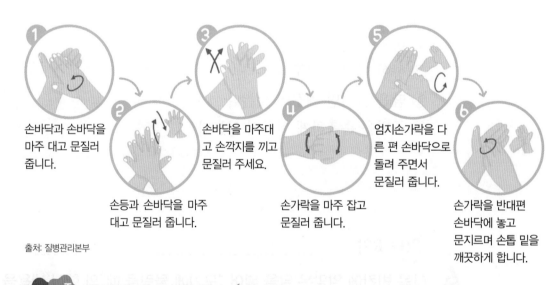

① 손바닥과 손바닥을 마주 대고 문질러 줍니다.

② 손등과 손바닥을 마주 대고 문질러 줍니다.

③ 손바닥을 마주대고 손깍지를 끼고 문질러 주세요.

④ 손가락을 마주 잡고 문질러 줍니다.

⑤ 엄지손가락을 다른 편 손바닥으로 돌려 주면서 문질러 줍니다.

⑥ 손가락을 반대편 손바닥에 놓고 문지르며 손톱 밑을 깨끗하게 합니다.

출처: 질병관리본부

어휘 뜻

• **감염병** 병의 원인이 되는 미생물이 인간이나 동물에 침입하여 증식함으로써 일어나는 질병.

• **질병** 몸의 온갖 병.

어휘 퀴즈 다음 뜻을 지닌 낱말을 찾아 ✔표 하세요.

❶ 생물체 가운데 가장 미세하고 가장 하등에 속하는 단세포 생활체.
☐ 항균　　　☐ 세균　　　☐ 동물

❷ 일정한 조건 아래에서 어떤 사건이나 현상이 일어날 가능성의 정도. 또는 그런 수치.
☐ 예상　　　☐ 압력　　　☐ 확률

5 이 안내문의 중심 내용은 무엇인가요? (   )

① 물을 아껴 쓰자.   ② 비누를 아껴 쓰자.

③ 손을 깨끗이 씻자.   ④ 손을 예쁘게 가꾸자.

⑤ 손으로 물건을 함부로 만지지 말자.

6 손을 깨끗이 씻으면 좋은 점은 무엇인가요? (   )

① 충치를 예방할 수 있다.

② 환경 오염을 막을 수 있다.

③ 눈이나 코, 입이 깨끗해진다.

④ 손톱을 예쁘게 기를 수 있다.

⑤ 감염병에 걸릴 확률을 낮출 수 있다.

7 다음은 손을 씻는 방법입니다. 빈칸에 들어갈 알맞은 말을 차례대로 쓰세요.

(1) ( )과 손바닥을 마주 대고 문지른다.	손등과 손바닥을 마주 대고 문지른다.	손바닥을 마주대고 (2) ( )를 끼고 문지른다.

(4) ( )을 반대편 손바닥에 놓고 문지른다.	(3) ( )을 다른 편 손바닥으로 돌려 준다.	손가락을 마주 잡고 문지른다.

30초 요약

8 다음 빈칸에 알맞은 말을 넣어 "올바른 손 씻기"의 핵심 내용을 한 문장으로 요약하세요.

손을 깨끗이 씻으면 [　][　][　]을 예방할 수 있으므로, 올바른 손 씻기 방법을 익힙시다.

문학
/ 세계 명작

몸에서 가장 힘이 센 곳

탈무드 이야기
(마빈 토케이어)

사나이는 사자의 젖을 구해 궁궐로 돌아가는 길에 낮잠을 잤습니다. 그 사이에 몸의 여러 부분들이 다투기 시작했습니다. 맨 먼저 발이 으스댔습니다.

"얘들아, 이번 일은 내 덕분에 잘된 거야. 내가 아니었으면 사자의 동굴까지 가지도 못했을 거야." / 그러자 눈이 소리쳤습니다.

"무슨 소리야? 내 덕분에 사자의 동굴을 볼 수 있었어."

그때 혀가 톡 쏘아붙였습니다.

"너희들이 아무리 싸워도 내가 최고야."

그 말에 몸의 다른 부분들이 웃음을 터뜨렸습니다.

"쳇, 뼈도 없이 조그만 주제에 어디서 까불어!"

그러자 혀는 속으로 잔뜩 별렀습니다.

낮잠에서 깬 사나이는 서둘러 궁궐을 향해 걸었습니다. 임금님은 사자의 젖이 든 항아리를 보고 몹시 기뻐했습니다.

"오, 정말 장하구나. 이게 틀림없이 사자의 젖이란 말이지?"

그때 잔뜩 화가 나 있던 혀가 엉뚱한 소리를 했습니다.

㉠"아닙니다. 그것은 개의 젖입니다!"

"뭐? 개 젖이라고? 이런 괘씸한 놈! 여봐라, 이놈의 목을 당장 베어라!"

작품의 전체 줄거리

어느 나라의 임금님이 큰 병에 걸리자 병을 고치기 위해 필요한 사자의 젖을 구해 오는 사람에게 큰 상을 내리겠다고 함.	꾀 많은 사나이가 자신이 데려간 새끼 사자 몇 마리를 이용해 어미 사자와 친해진 뒤 사자의 젖을 조금 얻음.	(수록지문) 사나이가 낮잠이 든 사이 몸의 여러 부분들이 다투다가 혀를 무시하자 화가 난 혀가 임금님에게 개의 젖이라고 말함.	혀의 중요함을 깨달은 몸의 다른 부분들이 사과하였고, 사과를 받은 혀가 다시 사자의 젖이라고 말하여 사나이는 목숨을 건짐.

어휘 퀴즈 다음 뜻을 지닌 낱말을 찾아 ✔표 하세요.

1 변변하지 못한 처지.

☐제재　　　☐주제　　　☐태도

2 사람, 물건, 일 따위가 현재 일과 관계가 없다.

☐터뜨리다　　　☐엉뚱하다　　　☐명령하다

어휘 뜻

- **궁궐** 임금이 거처하는 집.
- **으스댔습니다** 어울리지 않게 우쭐거리며 뽐냈습니다.
- **별렀습니다** 어떤 일을 이루려고 마음속으로 준비를 단단히 하고 기회를 엿보았습니다.

1 이 글에서 발, 눈, 혀의 공통된 생각은 무엇인가요? (　　　)

① 사자의 젖을 구한 것은 발 덕분이다.

② 사자의 동굴을 볼 수 있었던 것은 눈 덕분이다.

③ 사자의 젖을 구하는 데 자신이 가장 중요한 역할을 했다.

④ 사자의 동굴에 들어가 사자의 젖을 구한 사나이는 용감하다.

⑤ 사자의 젖을 구한 것은 몸의 각 부분이 서로 도왔기 때문이다.

2 혀가 ⊙과 같이 말한 까닭은 무엇인가요? (　　　)

① 사자의 젖이라는 말을 잊어버려서

② 사나이가 가져온 것이 무엇인지 몰라서

③ 사나이가 가져온 것이 진짜 개 젖이어서

④ 몸의 다른 부분들이 자신을 무시해 화가 나서

⑤ 개의 젖이 몸에 더 좋다는 것을 알려 주고 싶어서

3 이 글에서 얻을 수 있는 교훈과 관련된 속담으로 알맞은 것에 ○표 하세요.

(1) 달면 삼키고 쓰면 뱉는다. 　　　　　　　　　(　　　)

(2) 낫 놓고 기역 자도 모른다. 　　　　　　　　　(　　　)

(3) 사람의 혀는 뼈가 없어도 사람의 뼈를 부순다. 　(　　　)

🕐**30**초 **요약**

4 다음 빈칸에 알맞은 말을 넣어 "몸에서 가장 힘이 센 곳"의 핵심 내용을 한 문장으로 요약하세요.

몸의 여러 부분들이 　　　　의 젖을 구한 것은 자신 덕분이라며 다

투다가 무시당한 　　　가 임금님에게 개의 젖을 구해 왔다고 말하였습니다.

3일

개와 당나귀

라퐁텐 우화(라퐁텐)

문학
/ 세계 명작

개는 당나귀가 맛있게 풀을 뜯어 먹는 모습을 보자 배가 고파졌습니다.

"당나귀야, 네가 등에 지고 있는 바구니에 내 먹이가 있어. 그걸 먹을 수 있도록 몸을 좀 숙여 줘. 네가 먹는 모습을 보니 나도 배가 너무 고파."

개가 사정을 했지만 당나귀는 들은 체도 하지 않았습니다.

'흥, 너를 도와주다 보면 내가 이 맛있는 풀을 많이 못 먹잖아.'

개가 계속 도와 달라고 간청하자 당나귀가 귀찮은 듯 말했습니다.

"주인이 일어날 때까지 기다려. 주인이 눈을 뜨면 제일 먼저 네게 먹이를 줄 테니 그때까지 기다리라고!"

당나귀는 화까지 내며 홱 돌아서서 풀을 뜯어 먹었습니다.

바로 그때, 늑대 한 마리가 나타났습니다. 배고픈 늑대는 당나귀에게 슬금슬금 다가갔습니다. 당나귀는 정신없이 풀을 뜯어 먹느라 늑대가 가까이 다가왔을 때에야 알아차렸습니다. 당나귀는 개에게 도움을 청했습니다.

"친구야, 저 늑대 좀 쫓아 줘. 제발!"

그러자 개가 말했습니다.

"친구야, 주인이 일어날 때까지 기다려. 주인이 잠에서 깨면 늑대를 쫓아 줄 거야. 그래도 늑대가 덤벼들면 그 큰 입으로 물어뜯어."

그 순간 늑대가 당나귀에게 달려들었습니다. 당나귀는 꼼짝도 못하고 잡아먹혀 버렸습니다.

어휘 뜻

- **사정**(事 일 사, 情 뜻 정) 어떤 일의 형편이나 까닭을 남에게 말하고 무엇을 간청함.
- **간청** 간절히 청함. 또는 그런 청.
- **덤벼들면** 함부로 대들거나 달려들면.

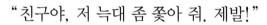

어휘 퀴즈 다음 뜻을 지닌 낱말을 찾아 ✔표 하세요.

1. 초식 동물이 땅에 난 풀 따위를 떼어서 먹다.
   □보다 □뜯다 □걷다
2. 남이 알아차리지 못하도록 눈치를 살펴 가면서 슬며시 행동하는 모양.
   □성큼성큼 □껑충껑충 □슬금슬금

5 이 글에 나타난 당나귀의 성격은 어떠한가요? (　　　　)

① 착하다.　　　　　　　② 용감하다.

③ 의심이 많다.　　　　　④ 자신만 생각한다.

⑤ 마음이 따뜻하다.

6 이 글에 나온 당나귀와 비슷한 행동을 한 친구는 누구인가요? (　　　　)

① 열심히 공부하는 진아

② 불우 이웃 돕기에 용돈을 낸 하경

③ 다리를 다친 친구의 가방을 들어 준 호준

④ 짐을 같이 들어 달라는 친구를 모른 척한 수경

⑤ 열심히 연습하여 달리기 경기에서 일 등을 한 보라

7 이 글에서 배울 수 있는 교훈은 무엇인가요? (　　　　)

① 서로 돕고 살아야 한다.

② 부지런하게 살아야 한다.

③ 시간을 낭비하면 안 된다.

④ 자신이 하고 싶은 일을 해야 한다.

⑤ 열심히 노력하면 반드시 성공한다.

30초 요약

8 다음 빈칸에 알맞은 말을 넣어 "개와 당나귀"의 핵심 내용을 한 문장으로 요약하세요.

　　　　　　　　는 개가 　　　　를 먹을 수 있도록 도와주지

않았기 때문에 　　　가 나타났을 때 개의 도움을 받지 못했습니다.

스위스의 알펜호른

예술
/세계의
전통 악기

알펜호른은 스위스의 대표적인 민속 악기예요. 주로 나무껍질이나 가죽으로 만들고, 길이가 짧은 것은 1미터 정도이지만 긴 것은 4미터나 되는 것도 있어요. 모양은 기다란 나팔처럼 생겼고, 입으로 불어서 소리를 내는데 낮고 부드러운 소리가 나요.

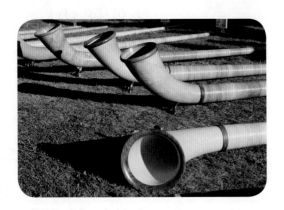

알펜호른은 원래 목동들이 쓰던 도구였어요. 목동들은 풀을 뜯느라 여기저기에 흩어져 있는 소들을 외양간으로 불러들일 때나 소의 젖을 짜는 동안 소들을 달래기 위해 알펜호른을 불었어요. 또한 목동들끼리 서로 연락을 주고받거나 멀리 있는 마을 사람들과 의사소통을 할 때에도 알펜호른을 사용했어요.

목동들이 사라진 지금도 알펜호른은 여전히 스위스 사람들에게 사랑받고 있어요. 해마다 여름이면 스위스에서는 알펜호른 축제가 열려요. 이 축제에서는 여러 개의 알펜호른으로 음악을 연주하는데 그 광경이 이색적이고 소리도 아름다워 많은 사람이 축제를 찾고 있답니다.

어휘 뜻
- **대표적(代 대신할 대, 表 겉 표, 的 과녁 적)인** 어떤 분야나 집단에서 무엇을 대표할 만큼 전형적이거나 특징적인.
- **목동** 풀을 뜯기며 가축을 치는 아이.
- **여전히** 전과 같이.
- **광경** 벌어진 일의 형편과 모양.

어휘 퀴즈 다음 뜻을 지닌 낱말을 찾아 ✔표 하세요.

① 가지고 있는 생각이나 뜻이 서로 통함.
☐견해 ☐의사소통 ☐주장

② 보통의 것과 색다른 성질을 지닌. 또는 그런 것.
☐단순 ☐이색적 ☐이기적

1　알펜호른에 대한 설명으로 알맞은 것을 두 가지 고르세요. (　　,　　)

① 금속으로 만든다.

② 기다란 자 모양이다.

③ 두드려서 소리를 낸다.

④ 스위스의 민속 악기이다.

⑤ 낮고 부드러운 소리가 난다.

2　목동들이 알펜호른을 사용하던 때로 알맞지 <u>않은</u> 것은 무엇인가요? (　　　)

① 늑대를 쫓아낼 때

② 젖을 짜는 동안 소들을 달랠 때

③ 목동들끼리 연락을 주고받을 때

④ 멀리 있는 마을 사람들과 의사소통을 할 때

⑤ 흩어져 있는 소들을 외양간으로 불러들일 때

3　스위스에서 해마다 알펜호른 축제가 열리는 때는 언제인가요? (　　　)

① 봄　　　　　　② 여름　　　　　　③ 가을

④ 늦가을　　　　⑤ 겨울

 초 요약

4　다음 빈칸에 알맞은 말을 넣어 "스위스의 알펜호른"의 핵심 내용을 한 문장으로 요약하세요.

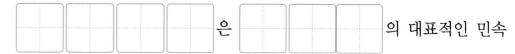

은　　　　　　　의 대표적인 민속

악기로 지금까지도 사랑받고 있습니다.

예술
/세계의
전통 악기

슬픈 전설을 가진 마두금

옛날부터 몽골 사람들은 말을 타고 넓은 초원을 옮겨 다니며 가축을 키우는 유목 생활을 했어요. 따라서 몽골 사람들에게 말은 가장 가깝고도 중요한 동물이었어요.

몽골 사람들은 말을 이용해 마두금이라는 악기를 만들었어요. 마두금은 말의 꼬리털로 줄을 만들고, 악기 기둥에 말 머리 조각을 장식해 만들어요. 몽골 사람들은 마두금을 '모린 후르'라고 부르지요. 마두금은 두 개의 줄을 활로 문질러서 소리를 내는데 그 소리가 첼로와 비슷해요.

마두금에는 슬픈 전설이 얽혀 있어요. 옛날에 서로 사랑하지만 멀리 떨어져 만날 수 없던 청년과 여인이 있었어요. 초원의 신은 둘을 불쌍히 여겨 청년에게 날개 달린 말을 보내 주었지요. 청년은 말을 타고 매일 여인을 만나러 갔어요. 청년에게는 말이 너무나 고맙고 소중한 존재였지요.

그런데 여인은 청년이 말을 타고 집으로 돌아갈 때마다 슬퍼서 참을 수가 없었어요. 여인은 말이 없으면 청년이 돌아갈 수 없을 거라고 생각해 말의 날개를 자르고 말을 절벽에서 밀어 버렸지요. 이 사실을 안 청년은 마음이 너무 아팠어요.

그러던 어느 날, 말이 청년의 꿈에 나타나 자신의 몸으로 악기를 만들어 달라고 했어요. 청년은 말의 꼬리털로 악기를 만든 뒤 말의 머리를 조각해서 마두금을 만들었어요. 청년은 마두금을 연주할 때마다 사랑하는 말을 떠올리며 슬퍼했다고 해요.

어휘 뜻

●유목 일정한 거처를 정하지 않고 물과 풀밭을 찾아 옮겨 다니면서 목축을 하여 삶.

●절벽 바위가 깎아 세운 것처럼 아주 높이 솟아 있는 험한 낭떠러지.

어휘 퀴즈 다음 뜻을 지닌 낱말을 찾아 ✔표 하세요.

❶ 풀이 나 있는 들판.

☐초원　　　☐절벽　　　☐낭떠러지

❷ 현악기의 줄을 문질러서 소리 내는 데에 쓰는 도구.

☐탈　　　☐활　　　☐말

5 몽골 사람들은 마두금을 무엇이라고 부르는지 찾아 쓰세요.

(   )

6 마두금에 대한 설명으로 맞으면 ○표, 틀리면 ×표 하세요.

(1) 소리가 피아노와 비슷하다.   (   )

(2) 말의 갈기털로 줄을 만든다.   (   )

(3) 두 개의 줄을 활로 문질러서 연주한다.   (   )

(4) 악기 기둥에 말 머리 조각을 장식한다.   (   )

7 마두금에 얽힌 전설에서 여인이 말을 죽인 까닭은 무엇인가요? (   )

① 초원의 신이 자신을 미워한다고 생각해서

② 청년이 자신보다 말을 사랑한다고 생각해서

③ 말이 청년에게 자신의 잘못을 말했다고 생각해서

④ 말이 없으면 청년을 만날 수 없을 것이라고 생각해서

⑤ 말이 없으면 청년이 집으로 돌아갈 수 없을 것이라고 생각해서

30초 요약

8 다음 빈칸에 알맞은 말을 넣어 "슬픈 전설을 가진 마두금"의 핵심 내용을 한 문장으로 요약하세요.

| | | 의 민속 악기인 | | | | 에는 | | 과 관련 |

된 슬픈 전설이 얽혀 있습니다.

문학
／시

까치야 까치야

까치야 까치야
내 눈에 티 들어갔다.
모지랑 빗자루로
싸악싹 쓸어 내면
낼모레 미역국을
맛있게 끓여 주마.

까치야 까치야
낡은 이 가져가고
새 이를 가져오라.
튼튼한 이 새로 주면
낼모레 미역국을
맛있게 끓여 주마.

까치야 까치야
내 손등 가시 빼내라.
뾰족한 입부리로
꼬옥꼭 뽑아 주면
낼모레 미역국을
맛있게 끓여 주마.

어휘 ^뜻
- **티** 먼지처럼 아주 잔 부스러기.
- **모지랑 빗자루** 끝 쪽이 닳아 짧아진 빗자루.

 어휘 퀴즈 다음 뜻을 지닌 낱말을 찾아 ✔표 하세요.

❶ 물건 따위가 오래되어 헐고 너절하게 되다.
　　☐신선하다　　　☐낡다　　　☐들어가다

❷ '부리(새의 주둥이)'를 속되게 이르는 말.
　　☐턱　　　☐입부리　　　☐주머니

1 말하는 이가 까치에게 바라는 일이 <u>아닌</u> 것은 무엇인가요? (   )

① 낡은 이를 가져가라.

② 새 이가 나게 해 달라.

③ 손등의 가시를 빼 달라.

④ 눈에 들어간 티를 빼 달라.

⑤ 미역국을 맛있게 끓여 달라.

2 이 시에 대한 설명으로 알맞은 것에 ○표, 알맞지 <u>않은</u> 것에 ×표 하세요.

(1) 3연으로 이루어져 있다.   (   )

(2) 각 연에 반복되는 말이 있다.   (   )

(3) 까치를 자세히 관찰하고 쓴 글이다.   (   )

(4) 까치가 사람에게 어떤 도움을 주는지 알 수 있다.   (   )

3 이 시를 읽은 생각이나 느낌으로 가장 알맞은 것은 무엇인가요? (   )

① 슬프고 안타깝다.

② 우울하고 화가 난다.

③ 시끄럽고 정신이 없다.

④ 무섭고 어두운 느낌이 든다.

⑤ 노래하는 듯한 느낌이 나고 재미있다.

30초 요약

4 다음 빈칸에 알맞은 말을 넣어 "까치야 까치야"의 내용을 한 문장으로 요약하세요.

말하는 이는 까치에게 눈에 들어간 ☐ 를 빼 주고, 새 ☐ 가 나게

해 주고, 손등의 ☐☐ 를 빼 달라고 하였습니다.

문학 / 시

눈

윤동주

지난밤에
눈이 소오복이 왔네.

지붕이랑
길이랑 밭이랑
추워한다고
덮어 주는 이불인가 봐.

그러기에
추운 겨울에만 내리지.

어휘 뜻

• **밭** 물을 대지 않거나 필요한 때에만 물을 대어서 야채나 곡류를 심어 농사를 짓는 땅.

어휘 퀴즈 다음 뜻을 지닌 낱말을 찾아 ✔표 하세요.

❶ '소복이'를 늘여 쓴 말. 쌓이거나 담긴 물건이 볼록하게 많이.

☐ 느릿느릿   ☐ 자박자박   ☐ 소오복이

❷ 물건 따위가 드러나거나 보이지 않도록 넓은 천 따위를 얹어서 씌우다.

☐ 치우다   ☐ 깊다   ☐ 덮다

5 이 시에 대한 설명으로 알맞은 것을 두 가지 고르세요. (,   )

① 시의 분위기는 어둡고 우울하다.
② 시와 관련 있는 계절은 겨울이다.
③ 눈이 내리는 과정을 잘 보여 준다.
④ 본 것에 대한 생각이나 느낌을 썼다.
⑤ 장소의 변화에 따라 일어난 일을 썼다.

1주
·
5일

6 이 시에 나오는 '이불'은 무엇을 빗대어 표현한 것인지 쓰세요.

(   )

7 이 시를 읽고 떠오르는 장면을 바르게 말한 친구는 누구인가요? (   )

① 장현: 동생이 책을 정리하는 모습이 떠올라.
② 나영: 바람이 불어 꽃잎이 날리는 모습이 떠올라.
③ 현아: 길거리에 나뭇잎이 쌓여 있는 모습이 떠올라.
④ 동준: 온 세상이 눈으로 하얗게 뒤덮인 모습이 떠올라.
⑤ 진주: 사람들이 우산을 쓰고 빗속을 걸어가는 모습이 떠올라.

30초 **요약**

8 다음 빈칸에 알맞은 말을 넣어 "눈"의 내용을 한 문장으로 요약하세요.

| | | | 에 내린 | | 이 | | | 처럼 지붕이랑 길

이랑 밭을 덮어 주었습니다.

1 다음 ( ) 안에 공통으로 들어갈 낱말을 완성하세요.

(1)
① 내 동생은 무서운 장면이 나오자 ( )을 감았다.
(뜻) 빛의 자극을 받아 물체를 볼 수 있는 감각 기관.

② 밤사이 ( )이 내려 온 세상이 하얗게 덮였다.
(뜻) 공중에 있는 물기가 얼어서 땅 위에 떨어지는, 하얀 솜 모양의 작은 얼음 조각.

ㄴ

(2)
① 아빠는 ( )를 보고 길을 찾아가셨다.
(뜻) 지구 표면의 상태를 일정한 비율로 줄여, 이를 약속된 기호로 평면에 나타낸 그림.

② 선생님은 학생들을 바르게 ( )하셨다.
(뜻) 어떤 목적이나 방향으로 남을 가르쳐 이끎.

ㅈ ㄷ

(3)
① 주변이 시끄러워 친구의 ( )이 들리지 않았다.
(뜻) 사람의 생각이나 느낌 따위를 표현하고 전달하는 데 쓰는 음성 기호.

② 장군은 ( )을 타고 적진으로 향하였다.
(뜻) 사람이 타고 달리는 말과의 포유류.

ㅁ

2 다음 문장을 잘 읽어 보고, 두 개 중 맞춤법에 맞는 낱말을 찾아 ○표 하세요.

(1) 할머니께서는 〔 반 / 밭 〕을 매고 계셨다.

(2) 친구와 〔 의사소통 / 이사소통 〕이 잘 되지 않아서 만나지 못했다.

(3) 바람이 불어 눈에 〔 테 / 티 〕가 들어가는 바람에 무척 불편했다.

(4) 그들은 일정한 거주지 없이 〔 유몽 / 유목 〕생활을 했다.

(5) 동생은 가끔 〔 엉뚱한 / 엉둥한 〕행동을 해서 부모님께 혼이 난다.

(6) 아침에 운동을 하니 기분이 〔 상캐하고 / 상쾌하고 〕좋았다.

3 다음 그림과 설명을 보고, 밑줄 친 곳에 들어갈 낱말을 •보기•에서 찾아 쓰세요.

┌─•보기•─────────────────────────────────┐
│ 축제   세균   소리   쌍둥이   고향   간청 │
└──┘

 (1) 동생과 나는 _____ 처럼 닮았다.

 (2) 손에는 눈에 보이지 않는 _____이 엄청나게 많이 묻어 있다.

 (3) 봄에는 곳곳에서 다양한 봄꽃 _____가 열린다.

4 다음 밑줄 친 낱말의 반대말을 완성하세요.

(1) ┌ 어머니는 오늘도 일찍 사무실에 출근하셨다.
   └ 아버지가 [ㅌ] [ㄱ] 하고 오시는 길에 통닭을 사 오셨다.

(2) ┌ 동생과 나는 축구를 좋아한다.
   └ 누나는 고양이를 [ㅅ] [ㅇ] [하] [다].

(3) ┌ 친한 친구가 전학을 가게 되어 슬프다.
   └ 전학 간 친구를 다시 만나게 되어 [ㄱ] [ㅃ] [ㄷ].

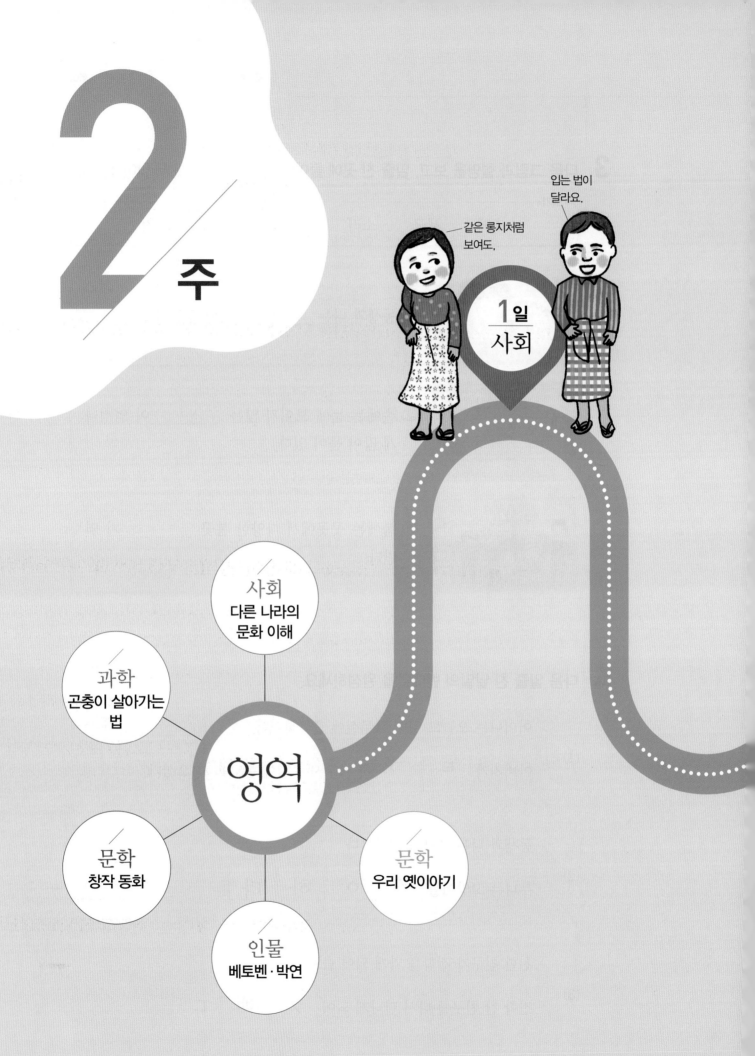

같은 롱지처럼
보여도,

입는 법이
달라요.

2주

1일
사회

사회
다른 나라의
문화 이해

과학
곤충이 살아가는
법

영역

문학
창작 동화

인물
베토벤 · 박연

문학
우리 옛이야기

지문 분석 강의

미얀마의 전통 옷

　사람들은 흔히 치마는 여자들만 입는 옷이고, 남자가 입으면 이상하다고 생각해요. 그런데 미얀마에 가면 치마 같은 옷을 입은 남자들을 쉽게 볼 수 있어요. 이 옷은 '롱지'라고 불리는 미얀마의 전통 옷이에요. 미얀마의 날씨는 추울 때가 없고 대체로 덥기 때문에 남녀 모두 롱지를 입어요.

　롱지는 폭이 넓고, 길이는 허리에서 발목까지 오는 긴치마 모양의 옷이에요. 롱지는 남녀에 따라 입는 방법이나 옷감 등이 달라져요. 롱지는 치마처럼 천을 허리에 감아서 입어요. 이때 남자는 허리에 감은 뒤 남은 부분으로 가운데에 매듭을 만들어요. 여자는 천을 허리에 감은 뒤 남은 부분을 허리춤에 넣어요. 또한 남자들은 청색이나 녹색, 회색 등의 줄무늬 또는 체크무늬가 있는 옷감으로 만든 롱지를 즐겨 입고, 여자들은 화려한 색상이나 꽃무늬가 있는 옷감으로 만든 롱지를 즐겨 입어요.

　롱지는 바람이 잘 통해서 매우 시원하고, 벗을 때에도 편해요. 또 땀이 많이 흐를 때 롱지의 끝을 잡아당겨서 수건처럼 이용하기도 하고, 빨래도 간편해요.

어휘 뜻

- **대체로** 전체로 보아서. 또는 일반적으로.
- **폭** 평면이나 넓은 물체의 가로로 건너지른 거리.
- **허리춤** 바지나 치마처럼 허리가 있는 옷의 허리 안쪽. 곧 그 옷과 속옷 또는 그 옷과 살의 사이.
- **체크무늬** 바둑판 모양의 무늬.

어휘 퀴즈 다음 뜻을 지닌 낱말을 찾아 ✔표 하세요.

❶ 예전부터 이어 내려오는 사상·관습·행동 등의 양식.

☐ 정열　　　☐ 전통　　　☐ 정렬

❷ 노, 실, 끈 따위를 잡아매어 마디를 이룬 것.

☐ 리본　　　☐ 매듭　　　☐ 고리

1 긴치마처럼 생긴 미얀마의 전통 옷은 무엇인지 쓰세요.

(　　　　　　　　)

2 이 글에 나오지 <u>않은</u> 내용은 무엇인가요? (　　)

① 미얀마의 날씨

② 롱지를 입는 방법

③ 롱지를 입기 시작한 때

④ 롱지를 입으면 좋은 점

⑤ 미얀마 남자가 롱지를 입는 까닭

3 다음 빈칸에 들어갈 알맞은 말을 찾아 쓰세요.

		남자가 입는 롱지	여자가 입는 롱지
공통점		폭이 넓고, 길이는 허리에서 (1) (　　)까지 옴.	
차이점	입는 방법	천을 허리에 감고 남은 부분으로 가운데에 (2) (　　)을 만듦.	천을 허리에 감고 남은 부분을 (3) (　　)에 넣음.
	옷감	청색이나 녹색, 회색 등의 줄무늬 또는 체크무늬가 있는 옷감	화려한 색상이나 (4) (　　)가 있는 옷감

⏱30초 요약

4 다음 빈칸에 알맞은 말을 넣어 "미얀마의 전통 옷"의 핵심 내용을 한 문장으로 요약하세요.

☐☐☐ 는 날씨가 덥기 때문에 남녀 모두 ☐☐ 이

잘 통하는 긴치마 모양의 ☐☐ 를 입습니다.

인도의 식사 문화

인도는 손으로 음식을 먹는 문화가 있습니다. 그런데 간혹 인도의 식문화에 대해 깨끗하지 못하다고 말하는 사람들이 있습니다. 그러나 이것은 인도의 문화를 이해하지 못한 잘못된 생각입니다. 인도 사람들이 손으로 음식을 먹게 된 까닭에는 여러 가지가 있습니다.

먼저 인도에서 생산되는 쌀은 우리나라의 쌀과 달리 찰기가 없습니다. 그래서 숟가락으로 뜨면 밥알이 흘러내리기 때문에 손으로 먹는 게 편합니다.

인도 사람들은 위생을 위해서도 손으로 음식을 먹습니다. 손은 자기가 깨끗하게 관리할 수 있지만, 여러 사람이 쓰는 숟가락이나 젓가락은 누가 언제 먹었는지 알 수 없어 깨끗하지 못하다고 생각하기 때문입니다. 왼손은 화장실에서 뒤처리를 할 때 사용하기 때문에 식사를 할 때에는 반드시 오른손을 사용합니다.

손으로 음식을 먹는 것은 분명한 이유가 있어서 만들어진 인도의 문화입니다. ㉠우리와 문화가 다르다고 잘못된 것이라 보지 말고, 그 나라의 문화를 존중하는 자세를 가지도록 합시다.

어휘 뜻

• **식문화**(食 밥 식, 文 글월 문, 化 될 화) 먹는 일이나 먹는 음식에 관한 문화.

• **생산**(生 날 생, 産 낳을 산) 인간이 생활하는 데 필요한 각종 물건을 만들어 냄.

• **뒤처리** 일이 벌어진 뒤나 끝난 뒤끝을 처리하는 일.

• **존중** 높이어 귀중하게 대함.

어휘 퀴즈 다음 뜻을 지닌 낱말을 찾아 ✔표 하세요.

❶ 곡식이나 그것으로 만든 음식 따위의 끈기 있는 성질이나 기운.

☐ 표기　　　☐ 찰기　　　☐ 윤기

❷ 건강에 유익하도록 조건을 갖추거나 대책을 세우는 일.

☐ 배척　　　☐ 불결　　　☐ 위생

5 이 글의 중심 생각은 무엇인가요? (   )

① 손을 깨끗이 씻자.

② 인도 사람들처럼 손으로 음식을 먹자.

③ 손으로 음식을 먹으면 깨끗하지 못하다.

④ 인도의 식사 문화를 이해하고 존중하자.

⑤ 인도 사람들은 손으로도 맛을 느낀다고 믿는다.

2주·1일

6 이 글의 내용으로 알맞은 것을 두 가지 찾아 ○표 하세요.

(1) 인도 사람들은 식사를 할 때 왼손을 사용한다.   (   )

(2) 인도 쌀은 찰기가 없어서 숟가락으로 먹기 불편하다.   (   )

(3) 인도 사람들은 위생을 위해서도 손으로 음식을 먹는다.   (   )

7 ㉠을 실천하는 방법으로 알맞은 것을 두 가지 고르세요. (,   )

① 다양한 문화에 관심을 기울인다.

② 다른 나라 문화를 무조건 따른다.

③ 우리나라의 문화가 최고라고 고집한다.

④ 자신과 다른 문화를 가진 사람은 멀리한다.

⑤ 세계에는 우리와 다른 문화가 있다는 것을 이해한다.

30초 요약

8 다음 빈칸에 알맞은 말을 넣어 "인도의 식사 문화"의 핵심 내용을 한 문장으로 요약하세요.

인도 사람들이 ☐☐ 으로 음식을 먹는 여러 가지 이유를 알고, ☐☐

☐☐ 의 식사 문화를 ☐☐☐☐ 하는 자세를 가지도록 합시다.

개미와 진딧물의 공생

개미는 달콤한 것을 아주 좋아해요. 그래서 진딧물의 꽁무니에서 나오는 단물을 아주 좋아하지요. 개미가 진딧물을 찾아가서 더듬이로 진딧물의 몸을 툭툭 치면 진딧물은 꽁무니에서 투명하고 달콤한 단물을 짜내어 개미에게 주어요.

하지만 개미가 공짜로 단물을 얻는 건 아니에요. 개미는 단물을 받아먹는 대신 진딧물을 무당벌레 같은 천적으로부터 보호해 줘요. 무당벌레가 진딧물을 잡아먹으려고 하면 개미가 용감하게 나서서 물리치지요.

또한 개미는 진딧물이 식물의 즙을 많이 빨아먹고 단물을 잘 만들어 낼 수 있도록 싱싱한 줄기가 있는 곳으로 옮겨 주기도 해요. 또, 어떤 개미는 나무뿌리 가까이에 진흙으로 집을 지은 뒤 진딧물을 데려와 돌보기도 하지요.

이처럼 개미는 진딧물에게서 단물을 얻고, 진딧물은 개미의 보호를 받아요. 이렇게 다른 생물끼리 서로 도우며 사는 것을 '공생'이라고 해요.

어휘 뜻

● **달콤한** 감칠맛이 있게 단.
● **더듬이** 절지동물의 머리 부분에 있는 감각 기관. 후각, 촉각 따위를 맡아보고 먹이를 찾고 적을 막는 역할을 함.
● **투명(透** 사무칠 투, **明** 밝을 명)**하고** 물 따위가 속까지 환히 비치도록 맑고.
● **즙** 물기가 들어 있는 물체에서 짜낸 액체.

 어휘 퀴즈 다음 뜻을 지닌 낱말을 찾아 ✔표 하세요.

❶ 동물의 등 부위의 끝이 되는 부분이나 곤충의 배 끝부분.
☐ 날개   ☐ 더듬이   ☐ 꽁무니

❷ 잡아먹는 동물을 잡아먹히는 동물에 상대하여 이르는 말.
☐ 공생   ☐ 천적   ☐ 운영

1 이 글의 내용으로 알맞은 것에 ○표, 알맞지 <u>않은</u> 것에 ×표 하세요.

⑴ 개미는 달콤한 것을 좋아한다. 　　　　　　　　　　　　　（　　　）

⑵ 개미는 무당벌레를 진딧물의 먹이로 준다. 　　　　　　　（　　　）

⑶ 개미는 진딧물의 입에서 나온 단물을 먹는다. 　　　　　（　　　）

⑷ 개미는 집을 지은 뒤 진딧물을 데려와 돌보기도 한다. 　（　　　）

2 개미는 진딧물에게 단물을 얻는 대신 어떤 도움을 주나요? (　　　)

① 진딧물을 치료해 준다.

② 진딧물의 몸을 청소해 준다.

③ 진딧물에게 짝을 데려다준다.

④ 진딧물의 새끼를 먹이로 삼는다.

⑤ 진딧물을 천적으로부터 보호해 준다.

3 개미와 진딧물처럼 다른 생물끼리 서로 도우며 사는 것을 무엇이라고 하는지 이 글에서 찾아 쓰세요.

（　　　　　　　　　　　）

30초 요약

4 다음 빈칸에 알맞은 말을 넣어 "개미와 진딧물의 공생"의 핵심 내용을 한 문장으로 요약하세요.

진딧물은 개미에게 ☐☐ 을 주고 개미는 ☐☐ 으로부터

진딧물을 보호해 주며 서로 ☐☐ 합니다.

스스로를 보호하는 곤충

가 곤충에게 가장 무서운 천적은 새예요. 그래서 곤충은 새로부터 자신을 지키려고 여러 가지 방법을 사용해요.

나 가장 좋은 방법은 새의 눈에 띄지 않는 거예요. 자신의 색깔이나 무늬와 비슷한 곳에 가만히 있으면 새에게 들키지 않을 수 있어요.

다 그런데 곤충이 아무리 잘 숨어도 새에게 들킬 때가 있어요. 이럴 때는 어떻게 해야 할까요? 새를 깜짝 놀라게 하면 돼요. 어떤 나비는 날개에 커다란 눈알 무늬가 있어요. 그래서 새에게 발견되면 이 눈알 무늬를 활짝 펼쳐요. 그러면 새는 자신을 잡아먹는 뱀이나 매, 독수리의 눈인 줄 알고 놀라서 도망가지요.

라 새는 맛이 없거나 강하게 반격하는 곤충이 있으면 기억해 두었다가 다음에는 그 곤충을 건드리지 않아요. 새와 같은 천적을 만나면 무당벌레는 독한 냄새가 나는 액체를 뿜어내고, 벌은 독침으로 찔러 용기 있게 공격해요. 그래서 무당벌레와 비슷한 잎벌레나 벌과 모습이 매우 닮은 등에 등은 새에게 잘 잡아먹히지 않아요.

▲ 무당벌레

▲ 벌

▲ 등에

어휘 퀴즈 다음 뜻을 지닌 낱말을 찾아 ✔표 하세요.

① 되받아 공격함.

☐ 포기 ☐ 반격 ☐ 회유

② 속에 있는 것을 뿜어서 밖으로 나오게 하다.

☐ 찌르다 ☐ 뿜어내다 ☐ 건드리다

5 이 글은 무엇에 대해 설명하는 글인가요? (   )

① 곤충이 알을 낳는 방법
② 새가 곤충을 잡아먹는 방법
③ 곤충과 새가 서로 도우며 사는 방법
④ 곤충이 새로부터 자신을 지키는 방법
⑤ 곤충이 새를 피해서 새끼를 기르는 방법

6 새가 나비의 날개에 있는 눈알 무늬를 보고 도망가는 까닭은 무엇인가요?

(   )

① 눈이 큰 곤충을 싫어해서
② 독침을 쏘는 벌이 생각나서
③ 눈이 큰 곤충은 잡아먹히기 전에 반격을 해서
④ 눈알 무늬를 가진 곤충은 독한 냄새를 풍겨서
⑤ 자신을 잡아먹는 천적이 나타났다고 생각해서

7 다음 내용은 문단 ㉮ ~ ㉭ 중 어느 곳에 들어가야 하는지 쓰세요.

> 몸이 초록색인 메뚜기나 사마귀가 풀잎에 붙어 있으면 눈에 잘 띄지 않는 것처럼 말이에요.

문단 (   )

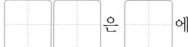
30초 요약

8 다음 빈칸에 알맞은 말을 넣어 "스스로를 보호하는 곤충"의 핵심 내용을 한 문장으로 요약하세요.

☐☐ 은 ☐ 에게 잡아먹히지 않으려고 여러 가지 방법을 사

용합니다.

지문 분석 강의

문학
/ **창작 동화**

까치와 소담이의 수수께끼 놀이 김성은

소담이가 혼자서 놀고 있을 때 까치가 다가와 속삭였어요.

"소담아, 소담아. 나하고 놀자!" / "정말? 무얼 하고 노는데?"

"수수께끼 놀이 어때?" / "야! 재밌겠다."

까치는 소담이에게 첫 번째 수수께끼를 냈어요.

"하얀 우산을 쓰고 훨훨 날아가는 게 무얼까?"

3월

소담이는 들판 이곳저곳을 다니며 파릇파릇 돋아난 냉이랑 쑥을 뜯어요.

'하얀 우산을 쓴 게 무얼까?'

들판을 휘휘 둘러보지만 하얀 우산은 아무 데도 없어요.

4월

소담이는 진달래 꽃목걸이도 만들고, 민들레 꽃반지도 만들며 놀아요.

'훨훨 날아다니는 것은 많은데…….'

꿀벌이 붕붕대며 날아다니지만 하얀색은 아니에요.

하얀 나비가 훨훨 날아다니지만 우산을 쓰지는 않았어요.

5월

살랑살랑 바람이 불자 민들레 씨가 포르르 날아가요.

"찾았다! 민들레 씨야. 하얀 우산을 쓰고 훨훨 날아다녀."

작품의 전체 줄거리

| 수록지문 봄에 까치가 "하얀 우산을 쓰고 훨훨 날아가는 게 무얼까?"라는 수수께끼를 내고, 소담이가 알아맞힘. | 여름에 까치가 "번쩍이며 큰 소리로 우는 것은 무얼까?"라는 수수께끼를 내고, 소담이가 알아맞힘. | 가을에 까치가 "어려서는 푸른 옷, 커서는 빨간 옷, 늙어서는 갈색 옷을 입는 게 무얼까?"라는 수수께끼를 내고, 소담이가 알아맞힘. | 겨울에 까치가 "새빨간 꽃을 빙글빙글 돌리는 놀이는 무얼까?"라는 수수께끼를 내고, 소담이가 알아맞힘. |

어휘 뜻

- **속삭였어요** 남이 알아듣지 못하도록 나지막한 목소리로 가만가만 이야기하였어요.
- **수수께끼** 어떤 사물에 대해 바로 말하지 않고 빗대어 말하여 알아맞히는 놀이.
- **훨훨** 날짐승 따위가 높이 떠서 느릿느릿 날개를 치며 매우 시원스럽게 나는 모양.

어휘 퀴즈 다음 뜻을 지닌 낱말을 찾아 ✓표 하세요.

❶ 자꾸 이리저리 살피거나 둘러보는 모양.

☐ 펑펑 ☐ 훨훨 ☐ 휘휘

❷ 벌 같은 큰 곤충 따위가 날 때 잇따라 나는 소리.

☐ 붕붕 ☐ 파릇파릇 ☐ 살랑살랑

1 까치는 소담이에게 무슨 놀이를 하자고 하였나요? (   )

① 공기놀이

② 숨바꼭질

③ 연날리기

④ 수수께끼 놀이

⑤ 끝말잇기 놀이

2 이 글의 내용으로 알맞은 것에 ○표, 알맞지 <u>않은</u> 것에 ✕표 하세요.

(1) 이 글과 관련된 계절은 여름이다.   (   )

(2) 3월에 소담이는 냉이랑 쑥을 뜯었다.   (   )

(3) 4월에 소담이는 꿀벌과 하얀 나비를 보았다.   (   )

(4) 4월에 소담이는 수수께끼의 정답을 알아냈다.   (   )

(5) 5월에 소담이는 민들레 씨가 날아가는 모습을 보았다.   (   )

3 까치가 소담이에게 낸 수수께끼의 정답은 무엇인지 쓰세요.

(   )

30초 요약

4 다음 빈칸에 알맞은 말을 넣어 "까치와 소담이의 수수께끼 놀이"의 핵심 내용을 한 문장으로 요약하세요.

까치가 소담이에게 ☐☐☐☐ 를 냈고, 소담이는 바람

에 날아가는 ☐☐☐☐ 를 보고 답을 맞혔습니다.

넌 멋쟁이야

이성자

꼬물꼬물 초등학교에 다니는 무당벌레는 오늘도 예쁜 옷을 자랑하였어요. 일곱 개의 점무늬가 반짝반짝 빛났지요.

"와, 예쁘다."

친구들이 부러워하였어요. 검은 옷만 입고 다니는 개미는 무당벌레와 친해지길 바랐어요.

그러나 무당벌레는 "야, 검댕아!"하며 개미를 놀렸어요.

"내 이름을 불러 줘."

개미가 여러 번 말하여도 무당벌레는 듣지 않았어요. 개미는 화가 났지만 꾹 참았어요.

개미는 색칠을 잘하였어요. 빨강 크레파스로 열심히 딸기를 칠하였어요.

무당벌레는 크레파스를 가져오지 않아 개미만 물끄러미 보고 있었어요.

개미는 무당벌레에게 초록 크레파스를 빌려주었어요.

"딸기 꼭지를 먼저 칠해."

㉠"싫어. 빨간 딸기 먼저 칠할래."

무당벌레는 개미의 빨강 크레파스를 빼앗아 갔어요.

개미는 진짜 화가 났지만 꾹 참았어요.

작품의 전체 줄거리

수록지문 무당벌레는 개미를 "검댕아!"라고 부르며 놀리고, 개미의 빨강 크레파스도 빼앗아 감.	무당벌레가 개미를 밀어 크레파스가 부러지게 되었고, 이 일로 무당벌레는 선생님께 혼이 남.	화가 난 개미는 무당벌레를 용서하지 않겠다고 다짐하고, 무당벌레는 아파서 학교에 나오지 않음.	문병을 간 개미는 아파서 힘없이 누워 있는 무당벌레를 보고 안타까운 마음이 들어 용서하기로 함.

• **바랐어요** 생각이나 바람대로 그렇게 되었으면 좋겠다고 생각했어요.

• **색칠** 색깔이 나게 칠을 함. 또는 그 칠.

• **꼭지** 잎이나 열매가 가지에 달려 있게 하는 짧은 줄기.

• **빼앗아** 남의 것을 억지로 제 것으로 만들어.

어휘 퀴즈 다음 뜻을 지닌 낱말을 찾아 ✓표 하세요.

❶ 점 모양의 무늬.

☐ 꽃무늬 ☐ 점무늬 ☐ 줄무늬

❷ 우두커니 한곳만 바라보는 모양.

☐ 반짝반짝 ☐ 꾹 ☐ 물끄러미

5 무당벌레가 개미를 "검댕아!"라고 부른 까닭은 무엇일까요? (   )

① 개미의 이름이 검댕이여서   ② 개미가 검은색을 좋아하여서

③ 개미가 검은 옷만 입고 다녀서   ④ 개미가 땅속 어두운 곳에 살아서

⑤ 개미의 얼굴에 시커먼 때가 묻어 있어서

6 무당벌레와 개미의 성격을 바르게 짝지은 것은 무엇인가요? (   )

	무당벌레	개미
①	용감하다.	친절하다.
②	짓궂다.	참을성이 많다.
③	책임감이 강하다.	거짓말을 잘한다.
④	잘난 척을 잘한다.	욕심이 많고 짓궂다.
⑤	다른 사람을 잘 돕는다.	게으르고 화를 잘 낸다.

7 ㉠은 어떤 목소리로 읽어야 실감 날까요? (   )

① 다정한 목소리   ② 울먹이는 목소리

③ 감동하는 목소리   ④ 심술궂은 목소리

⑤ 두려워하는 목소리

30초 요약

8 다음 빈칸에 알맞은 말을 넣어 "넌 멋쟁이야"의 핵심 내용을 한 문장으로 요약하세요.

| | | | | 는 개미를 " | | | | !"라고 부 |

르며 놀리고, 개미의 빨강 | | | | | 를 빼앗아 갔습니다.

인물
/ 베토벤

지문 분석 강의

악성 베토벤

베토벤은 1770년 겨울, 독일의 조용한 도시 본에서 태어났어요. 궁정 가수였던 아버지에게 교육을 받으며 음악 공부를 한 베토벤은 여덟 살 때 첫 피아노 연주회를 열 정도로 뛰어났어요.

음악가로서 크면서 성공을 거듭하던 어느 날, 베토벤은 자신의 귀가 이상해졌다는 걸 알아챘어요. 귀에서 윙윙 소리가 나면서 점점 소리가 들리지 않는 거예요. 베토벤은 듣지 못하는 음악가는 필요 없는 존재라고 생각해서 연주회를 그만두고 죽으려고 했어요. 하지만 그는 마음을 바꾸어, 자신 안에 있는 음악을 모두 꺼내 사람들에게 들려주기 전까지는 세상을 떠나지 않겠다고 결심했어요. 그래서 죽음에 대한 생각을 떨치고 작곡에 힘을 쏟았지요.

그렇게 해서 탄생한 음악들은 사람들에게 큰 박수와 칭찬을 받았어요. 세계를 구하려는 용기가 울려 퍼지는 〈영웅〉 교향곡, 닥친 운명을 피하지 않고 마주하는 의지가 담긴 〈운명〉 교향곡, 모든 사람은 한 형제라고 노래하는 〈합창〉 교향곡 등이 특히 많은 사랑을 받았지요. 사람들은 이렇게 장애를 극복하고 위대한 음악가가 된 베토벤을 음악의 성인이라는 뜻에서 '악성'이라고 불렀어요.

어휘 뜻

● **거듭하던** 어떤 일을 자꾸 되풀이하던.

● **운명** 인간을 포함한 모든 것을 지배하는 초인간적인 힘.

● **의지(意** 뜻 의, **志** 뜻 지) 어떠한 일을 이루고자 하는 마음.

어휘 퀴즈 다음 뜻을 지닌 낱말을 찾아 ✔표 하세요.

1 음악 작품을 창작하는 일.

　□작곡　　　□탈곡　　　□잡곡

2 지혜와 덕이 매우 뛰어나 길이 우러러 본받을 만한 사람.

　□한인　　　□악인　　　□성인

1 베토벤에 대한 설명으로 알맞지 <u>않은</u> 것은 무엇인가요? (   )

① 아버지가 궁정 가수였다.

② 독일의 본에서 태어났다.

③ 여덟 살 때 첫 연주회를 열었다.

④ 목소리가 나오지 않아 연주회를 그만두었다.

⑤ 음악의 성인이라는 뜻에서 악성이라고 불린다.

2 베토벤은 죽음에 대한 생각을 떨치고 무엇에 힘을 쏟았나요? (   )

① 작곡   ② 미술   ③ 성공

④ 운동   ⑤ 치료

3 다음은 베토벤이 작곡한 교향곡을 정리한 표입니다. 빈칸에 들어갈 알맞은 교향곡의 제목을 쓰세요.

교향곡	특징
(1)	모든 사람은 한 형제라고 노래한다.
(2)	세계를 구하려는 용기가 울려 퍼진다.
(3)	닥친 운명을 피하지 않고 마주하는 의지가 담겼다.

30초 요약

4 다음 빈칸에 알맞은 말을 넣어 "악성 베토벤"의 핵심 내용을 한 문장으로 요약하세요.

베토벤은 [ ] 가 들리지 않았지만 포기하지 않고 [ ][ ] 에 힘

을 쏟아 [ ][ ] 이라고 불렸습니다.

인물
/ 박연

조선의 음악가 박연

　1378년 충청북도 영동에서 태어난 박연은 어렸을 때부터 피리의 고수로 소문이 났어요. 어느 날, 박연은 과거를 보기 위해 한양으로 가던 길에 악공을 만나 자신의 피리 소리를 들려주고 어떤지 물었어요. 그러자 악공은 껄껄 웃으며 "소리의 수준이 얕고 습관이 굳어져서 고치기 어렵습니다."라고 대답했어요.

　박연은 실망했지만 포기하지 않았어요. 그리고 자신보다 신분이 낮은 악공을 졸라 가르침을 받았지요. 박연은 매일 열심히 배우며 연습했고, 마침내 악공은 "연주하는 법을 모두 익혔습니다. 장차 크게 성공할 수 있겠습니다."라며 칭찬을 하였어요.

　박연은 1411년에 과거에 합격했어요. 그의 음악적 재능을 알아본 세종은 박연에게 조선 음악을 정리하고 발전시킬 것을 명령했어요. 당시 조선의 악보는 제대로 정리되지 않아 제각각이었고 악기는 서로 음이 맞지 않았어요.

　박연은 악보를 정리하여 누구나 그 악보를 보면 같은 음악을 연주할 수 있도록 했어요. 또, 음의 기준이 되는 악기인 편경을 제작하여 악기들의 음이 서로 맞도록 했어요. 편경 말고도 편종, 특종, 방향 등의 악기를 제작하고 그 악기들로 연주되는 궁중 음악도 만들었지요. 지금도 조선 궁중의 제사 음악인 종묘 제례악에는 박연이 만든 악기들이 등장한답니다.

어휘 뜻

- **과거**(科 과목 과, 擧 들 거) 우리나라와 중국에서 관리를 뽑을 때 실시하던 시험.
- **악공**(樂 노래 악, 工 장인 공) 음악을 연주하는 사람.
- **수준** 사물의 가치나 질 따위의 기준이 되는 일정한 표준이나 정도.
- **습관** 어떤 행위를 오랫동안 되풀이하는 과정에서 저절로 익혀진 행동 방식.
- **악보** 음악의 곡조를 일정한 기호를 써서 기록한 것.

어휘 퀴즈 다음 뜻을 지닌 낱말을 찾아 ✔표 하세요.

❶ 어떤 분야나 집단에서 기술이나 능력이 매우 뛰어난 사람.

　☐ 하수　　　☐ 소수　　　☐ 고수

❷ 앞으로의 뜻으로, 미래의 어느 때를 나타내는 말.

　☐ 장차　　　☐ 과거　　　☐ 한때

5 박연에 대한 설명으로 알맞은 것에 ○표, 알맞지 <u>않은</u> 것에 ×표 하세요.

(1) 어렸을 때부터 피리를 잘 불었다. ( )

(2) 신분이 낮은 사람과는 대화도 나누지 않았다. ( )

(3) 타고난 피리 실력을 믿고 연습은 하지 않았다. ( )

(4) 실망해도 포기하지 않고 끝까지 해내는 성격이다. ( )

2주·4일

6 이 글에서 박연이 한 일이 <u>아닌</u> 것은 무엇인가요? ( )

① 궁중 음악을 만들었다.

② 제각각이던 조선의 악보를 정리하였다.

③ 신분이 낮은 사람들에게 피리를 가르쳤다.

④ 편종, 특종, 방향 등의 악기를 제작하였다.

⑤ 음의 기준이 되는 악기인 편경을 제작하였다.

7 조선 궁중의 제사 음악을 무엇이라고 하는지 이 글에서 찾아 쓰세요.

( )

30초 요약

8 다음 빈칸에 알맞은 말을 넣어 "조선의 음악가 박연"의 핵심 내용을 한 문장으로 요약하세요.

박연은 조선의 [ ][ ]를 정리하고, 편경 등 여러 [ ][ ]를 제작하였으며, [ ][ ] 음악을 만들었습니다.

지문 분석 강의

아버지가 남긴 보물

"얘들아, 너희에게 물려줄 귀한 보물을 참외밭에 숨겨 놓았단다. 내가 죽으면 참외밭을 열심히 파 보도록 해라."

아버지는 세 아들에게 유언을 남기고 그만 세상을 떠나고 말았어요.

"저 기름진 참외밭도 얼마 가지 않겠군. 세 아들이 모두 게으르니 말이야!"

마을 사람들은 농부의 참외밭과 세 아들을 걱정했어요. 그러나 세 아들은 오직 아버지가 남긴 보물 생각뿐이었어요.

"형님들, 어서 보물을 찾으러 갑시다."

세 아들은 날마다 쉬지 않고 참외밭을 파헤쳤어요. 참외밭을 모두 뒤집어엎고, 돌덩이와 나무뿌리도 골라냈어요.

"도대체 보물이 어디에 있단 말이야? 아버지가 괜한 말을 하신 걸까?"

세 아들은 아버지를 원망하기 시작했어요. 그러는 사이 참외는 하루가 다르게 쑥쑥 자랐어요.

"우아, 저렇게 크고 향기로운 참외는 처음 봐!"

지나가던 사람들이 탐스러운 참외를 보고 감탄했어요. 그 소문은 금방 퍼져 참외밭에는 참외를 사러 온 사람들로 가득했어요.

"형님, 우리는 이제 아버지 말씀처럼 큰 부자가 되었어요!"

세 아들은 너무 기뻐 서로 얼싸안고 풀쩍풀쩍 뛰었어요.

"아버지가 남기신 보물이 바로 이것이었구나."

어휘 뜻

- **유언** 죽음에 이르러 말을 남김. 또는 그 말.
- **게으르니** 행동이 느리고 움직이거나 일하기를 싫어하는 성미나 버릇이 있으니.
- **탐스러운** 마음이 몹시 끌리도록 보기에 소담스러운 데가 있는.
- **소문**(所 바 소, 聞 들을 문) 사람들 입에 오르내려 전하여 들은 말.

작품의 전체 줄거리

| 부지런한 농부는 일하기를 너무나 싫어하는 세 아들 때문에 걱정이 많음. | **수록지문** 농부는 세 아들에게 참외밭에 보물을 숨겨 놓았다는 유언을 남김. | 게으른 세 아들은 보물을 찾기 위해 열심히 참외밭을 파헤침. | 어느 해보다 탐스러운 참외가 열리자 세 아들은 아버지의 깊은 뜻과 사랑을 깨달음. |

어휘 퀴즈 다음 뜻을 지닌 낱말을 찾아 ✓표 하세요.

❶ 물건의 위와 아래가 뒤집히도록 엎어 놓다.

☐ 얼싸안다 ☐ 뒤집어엎다 ☐ 골라내다

❷ 못마땅하게 여기어 탓하거나 불평을 품고 미워함.

☐ 감탄 ☐ 감동 ☐ 원망

2주
·
5일

1 세 아들이 쉬지 않고 참외밭을 파헤친 까닭은 무엇인가요? (　　　)

① 탐스러운 참외가 열리도록 하려고

② 참외밭에 다른 농작물을 심으려고

③ 참외밭에 아버지가 물려주신 보물을 숨겨 두려고

④ 아버지가 참외밭에 숨겨 놓았다는 보물을 찾으려고

⑤ 마을 사람들에게 부지런히 일하는 모습을 보여 주려고

2 아버지가 남긴 보물에 담긴 뜻을 알맞게 말한 친구의 이름을 쓰세요.

> 기정: 거짓말을 하면 안 된다는 뜻이야.
>
> 하율: 부지런히 일해야 귀중한 것을 얻을 수 있다는 뜻이야.
>
> 혜정: 다른 사람의 마음을 헤아리고 배려해야 한다는 뜻이야.

(　　　　　　　　　)

3 이 글 뒤에 이어질 내용으로 가장 알맞은 것은 무엇인가요? (　　　)

① 세 아들은 다시 게으름을 피우기 시작했다.

② 세 아들은 참외밭이 서로 자기의 것이라며 싸웠다.

③ 세 아들은 자신들에게 거짓말을 한 아버지를 원망하였다.

④ 세 아들은 부지런한 사람이 되어 더 열심히 참외밭을 가꾸었다.

⑤ 세 아들은 보물이 나오지 않자 크게 실망하여 참외밭을 팔아 버렸다.

요약

4 다음 빈칸에 알맞은 말을 넣어 "아버지가 남긴 보물"의 핵심 내용을 한 문장으로 요약하세요.

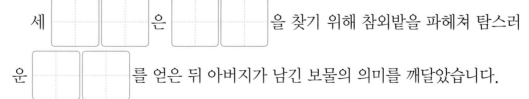

세 [　][　]은 [　][　]을 찾기 위해 참외밭을 파헤쳐 탐스러운 [　][　]를 얻은 뒤 아버지가 남긴 보물의 의미를 깨달았습니다.

5일 토끼의 간

문학
/ **우리 옛이야기**

잠시 뒤, 토끼는 용왕님 앞으로 불려 갔어.

"토끼는 들어라. 너의 간을 먹어야만 내 병이 낫는다는구나. 어서 배 속에 있는 간을 바치도록 하여라."

그제야 토끼는 자라에게 속은 걸 알아차리고 얼른 꾀를 내었지.

"용왕님, 제 간은 귀한 약인지라 함부로 가지고 다니지 않습니다. 저를 뭍으로 보내 주시면 집에 있는 간을 가지고 오겠나이다."

"그대는 어찌 간이 없는 토끼를 데려왔는가? 어서 이 토끼를 데리고 뭍으로 나가 간을 가져오도록 하라."

용왕은 토끼의 말을 믿고 자라에게 명령했어.

자라는 토끼를 다시 등에 태우고 용궁을 나섰지.

'후유, 죽을 뻔했잖아. 내가 보물을 주겠다는 말에 잠시 눈이 멀었어.'

토끼는 자라 등 위에서 놀란 가슴을 쓸어내렸어. 뭍에 다다르자 토끼는 자라의 등에서 깡충 뛰어내렸어.

"어서 가서 간을 가지고 오시오."

㉠"세상에 배 속을 들락날락하는 간이 어디 있단 말이냐? 네가 먼저 나를 속여 용궁으로 데려갔으니 내가 너희들을 속인 것을 원망하지 마라."

토끼는 깔깔 웃으며 숲속으로 달아났어.

어휘 뜻

- **용왕**(龍 용 용, 王 임금 왕) 바다에 살며 비와 물을 맡고 불법을 수호하는 용 가운데의 임금.
- **꾀** 일을 잘 꾸며 내거나 해결해 내거나 하는, 묘한 생각이나 수단.
- **멀었어** 어떤 생각에 빠져 판단력을 잃었어.
- **쓸어내렸어** 곤란하거나 어려운 일, 근심, 걱정 따위가 해결되어 안도했어.
- **원망**(怨 원망할 원, 望 바랄 망) 남을 탓하거나 미워하는 것.

작품의 전체 줄거리

| 토끼의 간을 먹어야 용왕의 병이 나을 수 있다고 하자 자라가 토끼의 간을 구하러 뭍으로 감. | 자라는 용궁에 가면 벼슬과 귀한 보물을 주겠다는 말로 토끼를 속여서 용궁으로 데려감. | **수록지문** 용왕은 토끼에게 자신의 병이 나을 수 있도록 배 속에 있는 간을 바치라고 함. | 토끼는 간을 집에 두고 왔다는 거짓말로 용왕과 자라를 속이고 다시 뭍으로 나와 달아남. |

어휘 퀴즈 다음 뜻을 지닌 낱말을 찾아 ✔표 하세요.

1 지구의 표면에서 바다를 뺀 나머지 부분.

☐ 뭍 ☐ 하늘 ☐ 용궁

2 자꾸 들어왔다 나갔다 하는 모양.

☐ 깔깔 ☐ 들락날락 ☐ 깡충

5 일이 일어난 장소가 어떻게 바뀌었는지 이 글에서 찾아 쓰세요.

(1)	→	(2)

6 꾀를 내어 용궁에서 빠져나온 토끼의 행동과 관련 있는 속담으로 알맞은 것을 찾아 ○표 하세요.

(1) 세 살 적 버릇이 여든까지 간다. ( )

(2) 가는 말이 고와야 오는 말이 곱다. ( )

(3) 호랑이에게 물려 가도 정신만 차리면 산다. ( )

7 ㉠을 듣고 자라의 마음은 어떠하였을지 알맞은 것을 두 가지 고르세요.

(,)

① 용왕의 병을 고칠 수 없어 슬펐을 것이다.

② 토끼의 말에 속은 자신이 어리석게 느껴졌을 것이다.

③ 토끼에게 보물을 줄 수 없어 안타깝다고 느꼈을 것이다.

④ 토끼가 집으로 돌아가게 되어 다행이라고 생각할 것이다.

⑤ 용왕에게 간을 주어야 하는 토끼가 불쌍하다고 생각할 것이다.

30초 요약

8 다음 빈칸에 알맞은 말을 넣어 "토끼의 간"의 핵심 내용을 한 문장으로 요약하세요.

토끼는 □□으로 갔다가 용왕에게 □을 빼앗길 뻔 하였으나 □를 내어 다시 뭍으로 나와 달아났습니다.

1 다음 주황색으로 쓴 말의 뜻을 찾아 ○표 하세요.

(1)

> 깃발이 바람에 펄럭인다.

① 어떤 일이 이루어지기를 기다리는 간절한 마음. ( )
② 기압의 변화 또는 사람이나 기계에 의하여 일어나는 공기의 움직임.
( )

(2)

> 할 수 있다는 자신감과 용기를 잃지 말자.

① 물건을 담는 그릇. ( )
② 씩씩하고 굳센 기운. 또는 사물을 겁내지 아니하는 기개. ( )

(3)

> 점심을 굶었더니 배가 고프다.

① 몸에 가슴과 다리 사이에 있는, 몸의 앞 부분. ( )
② 사람이나 짐 따위를 싣고 물 위로 떠다니도록 만든 물건. ( )

2 다음은 낱말의 뜻을 국어사전에서 찾은 것입니다. 알맞게 채워 완성하세요.

(1) **천적:** | 자 | ㅇ | ㅁ | ㄴ | 동물을 잡아먹히는 동물에 상대하여 이르는 말.

(2) **위생:** | ㄱ | ㅎ | 에 유익하도록 조건을 갖추거나 대책을 세우는 일.

3 다음 낱말의 뜻을 생각하며 ( ) 안에 들어갈 알맞은 말에 밑줄 치세요.

> 바라다: 생각이나 바람대로 그렇게 되었으면 좋겠다고 생각하다.
> 바래다: 빛깔이 옅어지거나 누렇게 되다.

(1) 아기 때 입었던 옷을 꺼내 보았더니 누렇게 (바랐다 / 바랬다).

(2) 형은 그동안 열심히 공부한 만큼 시험에 합격하기를 (바랐다 / 바랬다).

4 다음 빈칸에 들어갈 가장 알맞은 말을 •보기•에서 찾아 쓰세요.

> •보기•
> 파릇파릇 　 훨훨 　 살랑살랑

(1) 새싹이 [　　　　　] 돋아난다.

(2) 새가 [　　　　　] 날아간다.

(3) 바람이 [　　　　　] 분다.

5 다음 밑줄 친 낱말을 맞춤법에 알맞게 고쳐 쓰세요.

(1) 나는 신발을 벗고 실내화로 갈아 신었다. ➡ [　] [　]

(2) 하준이는 교복을 입고 학교에 갓다. ➡ [　] [　]

(3) 서연이는 술래가 찾지 못하도록 옷장에 숨어따. ➡ [　] [　] [　]

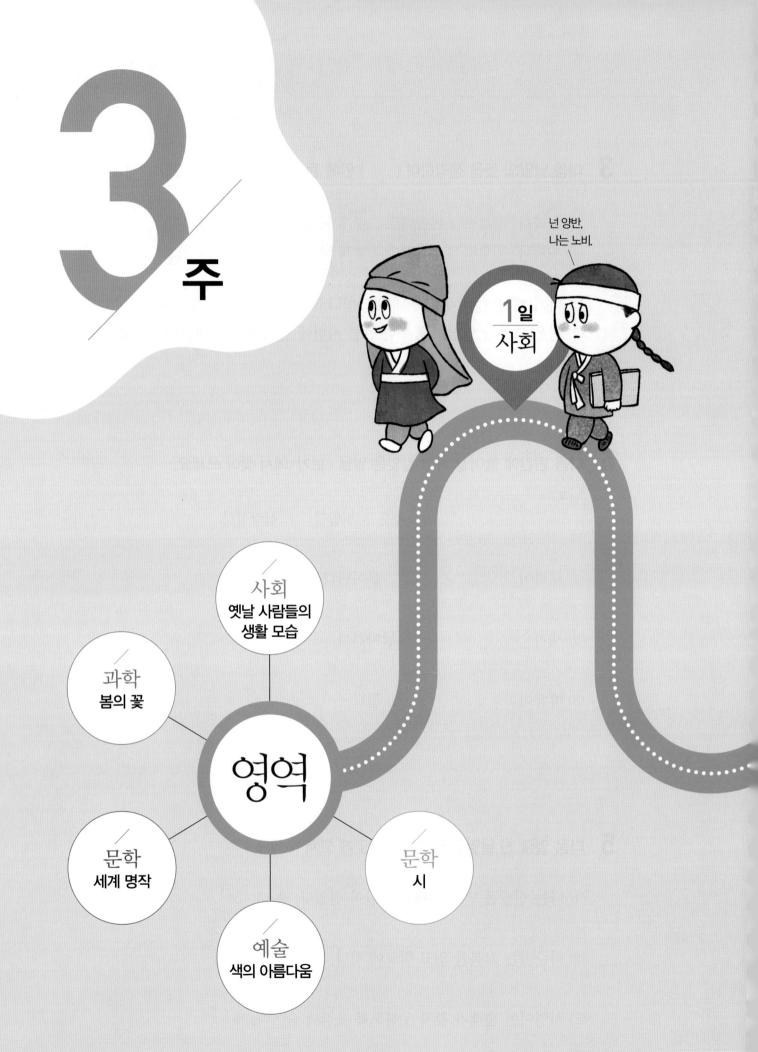

넌 양반,
나는 노비.

1일
사회

사회
옛날 사람들의
생활 모습

과학
봄의 꽃

영역

문학
세계 명작

문학
시

예술
색의 아름다움

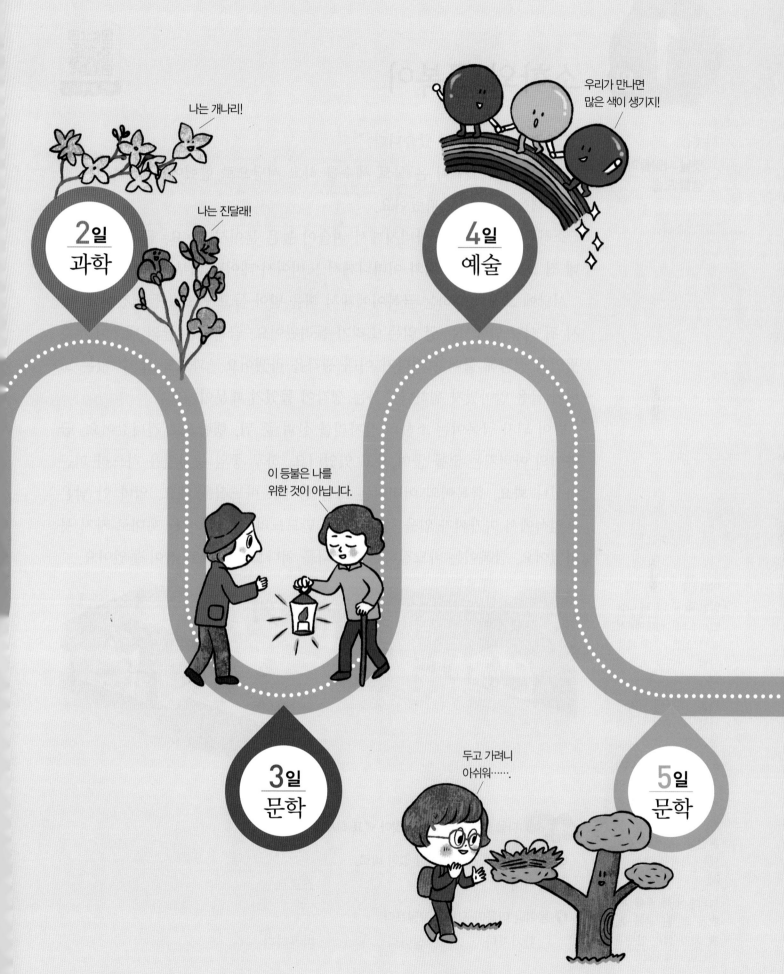

지문 분석 강의

소하와 금복이

"도련님, 세숫물 떠 왔습니다."

소하는 금복이가 떠 온 물로 세수를 하고 서당으로 향했어요. 금복이는 소하의 책을 들고 뒤를 따랐어요.

소하는 양반이에요. 아버지께서 벼슬이 높은 분이시거든요. 금복이는 소하네 집 노비예요. 아버지와 어머니께서 노비여서 태어날 때부터 노비였지요.

서당에 도착한 소하는 금복이에게서 책을 받아 들고 안으로 들어갔어요. 잠시 뒤 서당 안에서는 글 읽는 소리가 들려왔어요. 금복이는 글의 내용이 무슨 뜻인지 궁금해 들어 보려다가 이내 생각을 바꿨어요. '과거도 볼 수 없는 노비가 글을 알아봤자 뭐하나.' 하는 생각이 들었기 때문이에요.

밤이 되자 금복이는 소하의 잠자리를 살펴 준 뒤, 행랑으로 건너갔어요. 금복이의 아버지는 코를 골며 자고 있었어요. 하루 종일 농사일을 하느라 피곤하셨나 봐요. 금복이의 어머니는 오늘 밤에도 바느질을 해요. 얼마 안 남은 혼인식에서 아가씨가 입을 녹의홍상을 만드느라 며칠째 잠을 제대로 자지 못하였어요. 금복이는 바느질하는 어머니를 쳐다보다 스르르 잠이 들었어요.

어휘 뜻

- **양반**(兩 두 양, 班 나눌 반) (조선 시대에) 신분이 높은 상류 계층 사람. 사대부 계층의 사람.
- **벼슬** 관아에 나가서 나랏일을 맡아 다스리는 자리.
- **노비**(奴 종 노, 婢 여자 종 비) 남자종과 여자종을 아울러 이르는 말.
- **혼인식** 부부 관계를 맺는 서약을 하는 의식.
- **녹의홍상**(綠 푸를 록, 衣 옷 의, 紅 붉을 홍, 裳 치마 상) 연두저고리와 다홍치마.

 어휘 퀴즈 다음 뜻을 지닌 낱말을 찾아 ✔표 하세요.

❶ 그때에 곧. 또는 지체함이 없이 바로.

☐ 이내　　☐ 때　　☐ 스르르

❷ 몸이나 마음이 지치어 고달프다.

☐ 활기차다　　☐ 신나다　　☐ 피곤하다

1 금복이가 글의 내용을 궁금해하다가 이내 생각을 바꾼 까닭은 무엇인가요?

( )

① 양반이 되기 싫어서

② 글공부를 하기 싫어서

③ 내용이 너무 어려워서

④ 자신은 과거를 볼 수 없는 노비여서

⑤ 빨리 밭으로 돌아가 농사를 지어야 해서

3주·1일

2 이 글을 읽고 알 수 있는 옛날 사람들의 생활로 알맞지 <u>않은</u> 것은 무엇인가요?

( )

① 노비는 양반집 농사를 지었다.

② 노비는 양반에게 높임말을 했다.

③ 부모가 노비이면 자식도 노비였다.

④ 노비는 양반이 입을 옷을 만들기도 했다.

⑤ 노비는 양반과 함께 서당에서 글공부를 했다.

3 이 글에서 다음 뜻을 가진 두 글자의 낱말을 찾아 쓰세요.

예전에, 대문 안에 지어 주로 하인이 거처하던 방.

( )

30초 요약

4 다음 빈칸에 알맞은 말을 넣어 "소하와 금복이"의 핵심 내용을 한 문장으로 요약하세요.

옛날에는 신분에 따라 □□과 □□의 생활 모습이 매

우 달랐습니다.

민속 박물관을 다녀와서

친구들과 체험 학습으로 민속 박물관에 다녀왔다.

1층에는 옷과 관련된 도구들이 있었는데, 다림쇠와 베틀이 인상적이었다. 다림쇠는 프라이팬처럼 생긴 그릇으로 쇠로 만들어져 있었다. 다림쇠에 숯을 담아 바닥을 뜨겁게 달구어 다리미질을 했다고 한다. 또한, 옛날 사람들은 집에서 베틀로 옷감을 짰다고 한다. 목화에서 실을 뽑아 베틀에 걸고 밤새워 옷감을 짜기도 했다는데, 이러한 길쌈은 여자들이 담당했다고 한다.

2층에 올라가니 옛날 부엌이 그대로 만들어져 있었다. 나무로 만든 국수틀이 있었는데 반죽을 틀에 넣고 꾹 누르면 아래에 뚫린 구멍으로 국수가 나오는 도구였다. 옆에는 둥글넓적한 돌 두 개를 포개어 놓은 맷돌이 있었다. 맷돌은 곡식이나 불린 콩 등을 갈 때 썼다고 한다.

옛날 사람들이 쓰던 도구를 직접 보니, 전기가 없던 시대에 도구를 만들어 집안일을 한 조상들의 지혜가 놀랍고 존경스러웠다.

▲ 베틀

▲ 맷돌

어휘 뜻
• **달구어** 타지 않는 고체인 쇠나 돌 따위를 불에 대어 뜨겁게 하여.

• **반죽** 가루에 물을 부어 이겨 냄. 또는 그렇게 한 것.

• **지혜(智** 지혜 지, **慧** 슬기로울 혜**)** 사물의 이치를 빨리 깨닫고 사물을 정확하게 처리하는 정신적 능력.

어휘 퀴즈 다음 뜻을 지닌 낱말을 찾아 ✔표 하세요.

❶ 인상이 강하게 남는. 또는 그런 것.
☐ 주관적 ☐ 합리적 ☐ 인상적

❷ 실을 내어 옷감을 짜는 모든 일을 통틀어 이르는 말.
☐ 길쌈 ☐ 도구 ☐ 담당

5 글쓴이가 어디로 체험 학습을 다녀와서 쓴 글인지 쓰세요.

(   )

6 다음은 글쓴이가 민속 박물관에서 본 도구와 그 쓰임새를 정리한 표입니다. 빈 칸에 알맞은 도구의 이름을 쓰세요.

3주 · 1일

도구	쓰임새
(1)	곡식이나 불린 콩을 갈 때 썼다.
(2)	목화에서 뽑은 실을 걸어 옷감을 짰다.
(3)	반죽을 틀에 넣고 눌러 국수를 뽑았다.
(4)	숯을 담아 바닥을 뜨겁게 달구어 다리미질을 했다.

7 다음 중 글쓴이가 체험 학습을 다녀와서 느낀 점은 무엇인가요? (   )

① 전기를 아껴 써야겠다.
② 조상들의 지혜가 놀랍고 존경스럽다.
③ 다른 옛날 도구들을 더 조사하고 싶다.
④ 옛날 도구들은 사용하기가 불편해 보인다.
⑤ 옛날이나 지금이나 전기가 있어서 정말 편리하다.

 요약

8 다음 빈칸에 알맞은 말을 넣어 "민속 박물관을 다녀와서"의 핵심 내용을 한 문 장으로 요약하세요.

민속 박물관에 가서 다림쇠, 맷돌 등과 같은 옛날에 쓰던 ☐☐

를 보니 조상들의 ☐☐ 가 놀랍고 존경스러웠습니다.

과학
/ 봄의 꽃

지문 분석 강의

개나리와 진달래

추운 겨울이 가고 따뜻한 봄이 오면 개나리와 진달래가 피는 모습을 볼 수 있어요. 개나리와 진달래는 잎이 나기 전에 꽃이 먼저 피어요. 또, 개나리와 진달래는 햇볕이 잘 드는 곳을 좋아해서 양지바른 곳에 모여서 피어요.

개나리와 진달래는 다른 점도 많아요.

개나리는 진한 노란색인 통꽃으로 끝이 네 개로 갈라져요. 공해를 잘 견디고 척박한 땅에서도 잘 자라기 때문에 도시의 길가에서도 많이 볼 수 있지요. 이렇게 생명력이 강한 개나리는 가지를 꺾거나 휘어서 땅에 묻으면 그 자리에 뿌리를 내리고 자라요.

진달래는 분홍색인 통꽃으로 끝이 다섯 개로 갈라져요. 공기가 맑은 산에서 많이 볼 수 있지요. 진달래는 꽃잎을 따서 바로 먹기도 하고 화전을 부쳐 먹기도 해요. 진달래 화전은 찹쌀 가루를 반죽해 동전 모양으로 빚은 뒤에 진달래 꽃잎을 붙여서 만들어요.

▲ 개나리

▲ 진달래

어휘 뜻

● **통꽃** 꽃잎이 서로 붙어서 한 개의 꽃잎을 이루는 꽃.

● **공해(公** 공평할 공, **害** 해할 해) 산업이나 교통의 발달에 따라 사람이나 생물이 입게 되는 여러 가지 피해.

● **생명력(生** 날 생, **命** 목숨 명, **力** 힘 력) 생물체가 생명을 유지하여 나가는 힘.

● **부쳐** 번철이나 프라이팬 따위에 기름을 바르고 빈대떡, 전병(煎餅) 따위의 음식을 익혀서 만들어.

● **빚은** 가루를 반죽하여 만두, 송편, 경단 따위를 만든.

어휘 퀴즈 다음 뜻을 지닌 낱말을 찾아 ✔표 하세요.

❶ 땅이 볕을 잘 받게 되어 있다.
　☐견디다　　☐이루다　　☐양지바르다

❷ 땅이 기름지지 못하고 몹시 메마르다.
　☐척박하다　　☐부치다　　☐빚다

1 이 글에 나오지 <u>않은</u> 내용은 무엇인가요? (   )

① 개나리와 진달래 꽃의 색깔

② 개나리와 진달래를 먹는 방법

③ 개나리와 진달래 꽃이 피는 계절

④ 개나리와 진달래를 많이 볼 수 있는 곳

⑤ 개나리와 진달래 꽃잎 끝이 갈라지는 개수

2 개나리와 진달래의 비슷한 점을 두 가지 고르세요. (,   )

① 추운 겨울에 핀다.

② 잎이 나기 전에 꽃이 핀다.

③ 척박한 땅에서도 잘 자란다.

④ 햇볕이 잘 드는 곳을 좋아한다.

⑤ 꽃잎을 따서 바로 먹을 수 있다.

3 개나리의 특징에는 '개', 진달래의 특징에는 '진'이라고 쓰세요.

(1) 꽃잎을 따서 화전을 부쳐 먹는다.   (   )

(2) 도시의 길가에서도 많이 볼 수 있다.   (   )

(3) 분홍색 꽃이 피고 꽃잎 끝이 다섯 개로 갈라진다.   (   )

(4) 가지를 휘어서 땅에 묻으면 뿌리를 내리고 자란다.   (   )

30초 요약

4 다음 빈칸에 알맞은 말을 넣어 "개나리와 진달래"의 핵심 내용을 한 문장으로 요약하세요.

☐☐ 에 피는 ☐☐☐ 와 진달래는 비슷한 점도 있지만

☐☐ 점도 많습니다.

민들레

봄이면 가로수 아래나 돌담 틈새에 노랗게 피어난 민들레를 볼 수 있어요. 바람을 타고 날아간 씨가 여기저기에서 싹을 틔우고 꽃을 피운 거지요. 민들레 씨는 어떻게 바람을 타고 구석구석까지 날아갔을까요?

민들레꽃 한 송이는 수없이 많은 작은 꽃들이 모여 있는 거예요. 작은 꽃들이 다 피면 꽃대가 쓰러져요. 꽃이 시들고 나면 갓털을 지닌 씨가 생기지요. 하얀 솜털처럼 생긴 갓털은 씨가 바람을 타고 잘 날아갈 수 있게 하는 역할을 해요. 씨가 익기 시작하면 꽃대가 다시 서서 전보다 더 굵고 높게 자라요. 이때 갓털에 바람이 닿으면 씨는 날아서 하늘로 올라가요.

날던 씨가 떨어진 곳이 싹을 틔우기에 알맞지 않으면 그 씨에서는 싹이 나지 않아요. 또, 개미 같은 곤충이나 쥐, 새들이 먹기도 해요. 하지만 조금이라도 자라기에 알맞은 곳에 떨어지면 씨들은 싹을 틔우고 꽃을 피워요. 그러다 꽃이 시들고 씨가 익으면 다시 [　　　　　㉠　　　　　]

어휘 퀴즈 다음 뜻을 지닌 낱말을 찾아 ✔표 하세요.

❶ 길을 따라 줄지어 심은 나무.
　☐가로수　　　☐돌담　　　☐갓털

❷ 꽃자루가 달리는 줄기.
　☐씨　　　☐싹　　　☐꽃대

5 민들레 씨가 바람을 타고 잘 날아갈 수 있는 까닭은 무엇인가요? (   )

① 갓털이 있어서

② 날개가 있어서

③ 꽃대가 굵어서

④ 바람이 약하게 불어서

⑤ 작은 꽃들이 모여 있어서

6 다음은 민들레가 씨를 퍼뜨리는 과정을 정리한 것입니다. 빈칸에 들어갈 알맞은 말을 쓰세요.

작은 꽃들이 다 피면 (1) (   )가 쓰러진다.

⬇

(2) (   )을 지닌 씨가 익기 시작한다.

⬇

꽃대가 다시 서서 더 굵고 높게 자란다.

⬇

갓털에 (3) (   )이 닿으면 씨가 날아간다.

7 ㉠에 들어갈 알맞은 문장은 무엇인가요? (   )

① 꽃이 시들어요.

② 꽃대가 쓰러져요.

③ 돌담 틈새에서 피어나요.

④ 바람에 씨를 날려 보내요.

⑤ 곤충이나 쥐, 새들이 먹어요.

30초 요약

8 다음 빈칸에 알맞은 말을 넣어 "민들레"의 핵심 내용을 한 문장으로 요약하세요.

민들레 씨에는 ☐☐이 있어서 ☐☐을 타고 날아가 싹을 틔웁니다.

문학
／ 세계 명작

장님의 등불

탈무드 이야기(마빈 토케이어)

지문 분석 강의

어떤 남자가 캄캄한 밤에 산길을 걸어가고 있었습니다. 달도 뜨지 않아 어찌나 어두운지 몇 발짝 앞도 잘 보이지 않았습니다. 게다가 길마저 울퉁불퉁하여 남자는 조심조심 걸어야 했습니다.

한참을 가다 보니, 맞은편에서 등불을 든 사람이 걸어오고 있었습니다.

곧 두 사람이 길 중간에서 마주쳤습니다. 그런데 자세히 보니 등불을 든 사람은 뜻밖에도 앞을 못 보는 장님이었습니다.

남자는 어이없다는 듯이 물었습니다.

"허허, 당신은 앞을 볼 수 없는데 왜 등불을 들고 다니십니까?"

그러자 장님은 등불을 들어 보이며 말했습니다.

"이 등불은 나를 위한 것이 아닙니다."

"도대체 그게 무슨 말씀입니까?"

남자는 장님의 말이 더욱 아리송하기만 했습니다.

그러자 장님은 이렇게 말했습니다.

"캄캄한 밤에 등불을 들고 다니지 않으면 사람들은 내가 장님인 걸 모를 테니까 저와 부딪힐 수 있습니다. 그래서 다른 사람이 조심할 수 있도록 이렇게 등불을 들고 다니는 것이랍니다."

어휘 뜻
- **등불** 등에 켠 불.
- **맞은편** 서로 마주 바라보이는 편.
- **어이없다는** 일이 너무 뜻밖이어서 기가 막히다는.
- **아리송하기만** 그런 것 같기도 하고 그렇지 않은 것 같기도 하여 분간하기 어렵기만.

어휘 퀴즈 다음 뜻을 지닌 낱말을 찾아 ✔표 하세요.

① 잘못이나 실수가 없도록 말이나 행동에 매우 마음을 쓰는 모양.
　　☐울퉁불퉁　　☐조심조심　　☐말캉말캉

② 생각이나 기대 또는 예상과 달리.
　　☐게다가　　☐뜻밖에　　☐자세히

1 이 글의 내용으로 알맞은 것에 ○표, 알맞지 <u>않은</u> 것에 ×표 하세요.

⑴ 산길은 무척 어두웠다. ( )

⑵ 남자는 산길을 걷다가 노인을 만났다. ( )

⑶ 남자는 길을 걷다가 장님과 부딪혔다. ( )

⑷ 장님은 등불을 들고 걸어가고 있었다. ( )

3주 · 3일

2 장님이 등불을 들고 다니는 까닭은 무엇인가요? ( )

① 짐승들을 쫓아 버리기 위해서

② 혼자 길을 가는 것이 무서워서

③ 추울 때 등불로 손을 녹이기 위해서

④ 자신이 장님인 것을 들키지 않기 위해서

⑤ 다른 사람이 자신과 부딪히지 않게 하기 위해서

3 장님의 성격으로 알맞은 것은 무엇인가요? ( )

① 어리석고 둔하다.

② 남에게 지는 것을 싫어한다.

③ 자신보다 남을 먼저 생각한다.

④ 다른 사람들의 일에 전혀 관심이 없다.

⑤ 다른 사람들이 위험에 처했을 때에도 도와주지 않는다.

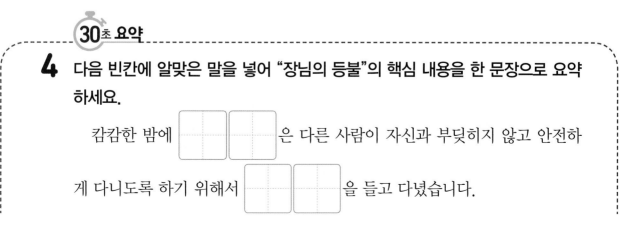

⏱ **30초 요약**

4 다음 빈칸에 알맞은 말을 넣어 "장님의 등불"의 핵심 내용을 한 문장으로 요약 하세요.

캄캄한 밤에 [　][　]은 다른 사람이 자신과 부딪히지 않고 안전하

게 다니도록 하기 위해서 [　][　]을 들고 다녔습니다.

문학
／ 세계 명작

오즈의 마법사

라이먼 프랭크 바움

도로시와 친구들은 일찍 일어났습니다. 빨리 소원을 이루기 위해서였습니다. 먼저 허수아비가 오즈의 방에 들어갔습니다.

오즈는 허수아비의 머리에 바늘과 핀이 섞인 왕겨를 잔뜩 집어넣었습니다.

"이제 당신은 똑똑한 머리를 갖게 됐소. 머리에 새로운 생각을 가득 넣었으니 말이오."

허수아비는 매우 기뻐하였습니다. 다음은 양철 나무꾼 차례입니다. 오즈는 양철 나무꾼의 가슴에 구멍을 내더니 빨갛고 예쁜 심장을 넣었습니다.

"이제 당신은 모두를 사랑할 수 있는 따뜻한 마음을 가지게 됐소."

양철 나무꾼은 가슴이 따뜻해지는 것을 느꼈습니다. 이번에는 사자 차례였습니다. 오즈는 초록빛 병을 사자에게 주었습니다.

"용기가 나게 만드는 약이오. 어서 마셔요."

사자는 한입에 꿀꺽 약을 마셨습니다. 온몸에서 용기가 불끈 솟는 느낌이었습니다.

"위대한 마법사 오즈님, 정말 감사합니다!"

모두가 기뻐하는 모습을 보자 오즈도 흐뭇해하였습니다.

어휘 뜻

● **왕겨** 벼의 겉겨.

● **집어넣었습니다** 어떤 공간이나 단체, 범위에 들어가게 하였습니다.

● **차례(次** 버금 차, **例** 법식 례) 순서 있게 구분하여 벌여 나가는 관계. 또는 그 구분에 따라 각각에게 돌아오는 기회.

● **흐뭇해하였습니다** 마음에 흡족하여 매우 만족스러워하였습니다.

작품의 전체 줄거리

| 도로시는 집으로 돌아가는 방법을 알기 위해 마법사 오즈를 찾아감. | 도로시는 오즈를 찾으러 가는 도중에 허수아비, 양철 나무꾼, 사자를 만나 함께 감. | **수록지문** 오즈는 도로시만 빼고 허수아비, 양철 나무꾼, 사자의 소원을 들어줌. | 도로시는 글린다의 도움으로 집으로 돌아가는 방법을 알아내고 집으로 돌아옴. |

어휘 퀴즈 다음 뜻을 지닌 낱말을 찾아 ✔표 하세요.

❶ 어떤 일이 이루어지기를 바람. 또는 그런 일.

　　□ 활기　　　　□ 소원　　　　□ 걱정

❷ 씩씩하고 굳센 기운. 또는 사물을 겁내지 않는 기개.

　　□ 용기　　　　□ 고인　　　　□ 근심

5 이 글에 나오지 <u>않는</u> 인물은 누구인가요? (   )

① 사자   ② 오즈   ③ 허수아비

④ 초록 마녀   ⑤ 양철 나무꾼

6 도로시와 친구들이 일찍 일어난 까닭은 무엇인가요? (   )

① 오즈가 잠을 깨워서

② 오즈의 나라를 구경하기 위해서

③ 오즈에게 마법을 배우기 위해서

④ 오즈의 눈을 피해 도망치기 위해서

⑤ 자신들의 소원을 빨리 이루기 위해서

7 다음은 각 인물의 소원을 정리한 표입니다. 빈칸에 들어갈 알맞은 인물의 이름을 쓰세요.

인물	소원
(1)	용기를 갖는 것
(2)	따뜻한 마음을 갖는 것
(3)	똑똑한 머리를 갖는 것

30초 요약

8 다음 빈칸에 알맞은 말을 넣어 "오즈의 마법사"의 핵심 내용을 한 문장으로 요약하세요.

오즈는 허수아비에게는 똑똑한 [ ][ ]를, 양철 나무꾼에게는 따뜻한 [ ][ ]을, 사자에게는 [ ][ ]를 주었습니다.

4일 색을 만들어요

예술
/ 색의 아름다움

세상에는 셀 수 없이 많은 색이 있어요. 그중에서 빨강, 파랑, 노랑을 '삼원색'이라고 해요. 이 세 가지 색은 섞어서 만들어 낼 수 없기 때문에 '기본색'이라고도 해요.

삼원색은 섞어서 만들 수 없지만 삼원색끼리 섞으면 다른 색을 만들 수 있어요. 빨강과 파랑을 섞으면 보라가 돼요. 또 노랑과 빨강을 섞으면 주황이 되고, 파랑과 노랑을 섞으면 초록이 나오지요. 이 외에도 색은 얼마든지 다양한 방법으로 섞을 수 있어요. 삼원색을 섞어서 만든 색에 또 삼원색을 섞으면 다른 색을 만들 수 있어요. 예를 들어 초록과 파랑을 섞어서 청록을 만드는 것처럼요. 또한 삼원색끼리 섞을 때 넣는 양을 서로 다르게 하여 또 다른 새로운 색을 만들 수도 있지요.

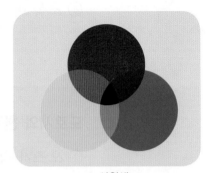
▲ 삼원색

화가들이 팔레트에 여러 가지 색의 물감을 덜어 놓고 섞어서 그림을 그리는 것을 본 적이 있을 거예요. 이처럼 화가들은 색을 섞어 자신이 원하는 여러 가지 색을 만들고, 그 독특한 색으로 자신만의 그림을 그린답니다.

어휘
• **다양한** 모양, 빛깔, 형태, 양식 따위가 여러 가지로 많은.
• **청록(靑** 푸를 청. **綠** 푸를 록) 푸른빛을 띤 초록색.
• **팔레트** 그림을 그릴 때에, 그림물감을 짜내어 섞기 위한 판.

어휘 퀴즈 다음 뜻을 지닌 낱말을 찾아 ✔표 하세요.

❶ 두 가지 이상의 것을 한데 합치다.
☐ 세다   ☐ 닦다   ☐ 섞다

❷ 특별하게 다르다.
☐ 독특하다   ☐ 평범하다   ☐ 과하다

1 다음 중 삼원색에 해당하는 것을 모두 고르세요. (　,　 　,　 　)

① 빨강 　　　　　② 보라 　　　　　③ 노랑

④ 청록 　　　　　⑤ 파랑

2 다음 색들을 혼합하면 어떤 색이 되는지 선으로 이으세요.

(1) 　노랑＋파랑　 •　　　　　　　• ㉮ 　초록　

(2) 　빨강＋파랑　 •　　　　　　　• ㉯ 　주황　

(3) 　노랑＋빨강　 •　　　　　　　• ㉰ 　보라　

3주
·
4일

3 이 글의 내용으로 알맞은 것을 모두 고르세요. (　,　 　,　 　)

① 삼원색은 기본색이라고도 한다.

② 삼원색은 섞어서 만들 수 있는 색이다.

③ 색을 섞을 때에는 항상 같은 양의 색을 넣어야 한다.

④ 화가들은 독특한 색을 만들어 자신만의 그림을 그리기도 한다.

⑤ 삼원색을 섞어서 만든 색에 다시 삼원색을 섞으면 또 다른 색이 된다.

30초 요약

4 다음 빈칸에 알맞은 말을 넣어 "색을 만들어요"의 핵심 내용을 한 문장으로 요약하세요.

빨강, □□, 노랑을 삼원색이라고 하는데, 이 삼원색을 여러 가

지 방법으로 □□□ 많은 색을 만들 수 있습니다.

뜻을 가진 색, 오방색

예술
/ 색의 아름다움

오방색은 우리나라의 전통 색으로 파랑, 빨강, 노랑, 하양, 검정 다섯 가지 색을 말합니다. 다른 말로 '오방정색'이라고도 합니다.

오방색 중 파랑은 동쪽을 나타내는 색으로 나무를 나타내기도 합니다. 빨강은 해가 강하게 비치는 남쪽을 나타내며 불을 나타냅니다. 노랑은 가운데를 나타내고 흙을 나타냅니다. 주로 농사를 짓던 우리 조상은 흙을 매우 중요하

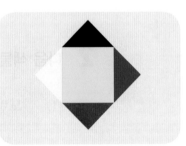

▲ 오방색

게 여겼습니다. 하양은 서쪽을 나타냅니다. 서쪽은 해가 지는 쪽이니 서늘한 기운이 있다고 믿어 차가운 쇠를 나타내기도 합니다. 또, 하양은 신성한 기운

을 나타내기도 합니다. 마지막으로 검정은 북쪽을 나타내고, 물을 나타내기도 합니다.

우리 조상은 오방색의 의미를 생활 곳곳에 사용했습니다. 아기가 태어나면 신성한 기운을 받으라고 돌이 되기 전까지 흰옷을 입혔습니다. 또 돌잔치를 할 때에는 오방색이 골고루 들어간 색동저고리를 입혀 골고루 복을 누리며 건강하게 잘 살기를 바랐습니다.

어휘 ^뜻

● **전통**(傳 전할 전, 統 거느릴 통) 어떤 집단이나 공동체에서, 지난 시대에 이미 이루어져 계통을 이루며 전하여 내려오는 사상·관습·행동 따위의 양식.

● **농사**(農 농사 농, 事 일 사) 곡류, 과채류 따위의 씨나 모종을 심어 기르고 거두는 따위의 일.

● **조상**(祖 할아버지 조, 上 윗 상) 자기 세대 이전의 모든 세대.

● **서늘한** 물체의 온도나 기온이 꽤 찬 느낌이 있는.

어휘 퀴즈 다음 뜻을 지닌 낱말을 찾아 ✔표 하세요.

❶ 함부로 가까이할 수 없을 만큼 순결하고 위대하다.

☐ 물리치다 ☐ 믿다 ☐ 신성하다

❷ 어린아이가 태어난 날로부터 한 해가 되는 날.

☐ 백일 ☐ 말 ☐ 돌

5 이 글은 무엇을 설명하기 위해 쓴 글인가요? (   )

① 농사 짓는 방법

② 오방색에 담긴 뜻

③ 색동저고리를 입는 나이

④ 오방색과 오방정색의 차이점

⑤ 우리 조상이 농사를 지을 때 사용한 도구

3주
·
4일

6 다음은 오방색이 나타내는 방향을 정리한 표입니다. 빈칸에 들어갈 알맞은 말을 쓰세요.

색	파랑	빨강	(1) ( )	하양	검정
방향	동쪽	(2) ( )	가운데	서쪽	(3) ( )

7 우리 조상이 아기가 돌이 되기 전까지 흰옷을 입힌 까닭은 무엇인가요?

(   )

① 농사가 잘되라고

② 서늘한 기운을 쫓으려고

③ 신성한 기운을 받으라고

④ 불의 기운으로 귀신을 물리치려고

⑤ 골고루 복을 누리며 건강하게 잘 살라고

30초 요약

8 다음 빈칸에 알맞은 말을 넣어 "뜻을 가진 색, 오방색"의 핵심 내용을 한 문장으로 요약하세요.

오방색은 우리나라의 전통 색으로, ☐, ☐☐, ☐☐, ☐☐,

☐☐☐ 의 다섯 방향과 나무, 쇠, 불, 물, 흙을 나타냅니다.

새알 만져 보기

유경환

지문 분석 강의

풀숲 작은 둥지에 새알이 두 개
㉠꺼낼까 말까 손대 보고 또 대 보고
㉡저만치 가다가 와서 한 번 더 만져 본다.

어휘 뜻

- **풀숲** 풀이 무성한 수풀.
- **꺼낼까** 속이나 안에 들어 있는 물건 따위를 손이나 도구를 이용하여 밖으로 나오게 할까.

어휘 퀴즈 다음 뜻을 지닌 낱말을 찾아 ✓표 하세요.

❶ 새가 알을 낳거나 살기 위하여 둥글게 만든 집.

☐구멍 ☐둥지 ☐동굴

❷ 저쯤 떨어진 곳으로.

☐금세 ☐여기 ☐저만치

1 ㉠에서 느껴지는 말하는 이의 마음은 무엇인가요? (　　　)

① 외로움.　　　　② 망설임.　　　　③ 놀라움.

④ 서러움.　　　　⑤ 부끄러움.

2 말하는 이가 ㉡처럼 행동한 까닭으로 알맞은 것을 두 가지 고르세요.

(　　，　　)

① 새알을 깨뜨렸기 때문이다.

② 새알이 걱정되었기 때문이다.

③ 둥지 근처에 물건을 두고 왔기 때문이다.

④ 새알을 두고 가는 것이 아쉬웠기 때문이다.

⑤ 가져간 새알을 둥지 속에 다시 집어넣고 싶었기 때문이다.

3 말하는 이와 비슷한 경험을 말한 친구의 이름을 쓰세요.

> 수현: 친구와 쉬는 시간에 장난을 치다가 다툰 적이 있어.
>
> 예지: 시골에 갔을 때 강아지가 나비를 쫓아가는 모습을 본 적이 있어.
>
> 기준: 할머니 댁의 처마에 있던 둥지 속 새알을 보고 따뜻하게 품어 주고 싶
> 었던 적이 있어.

(　　　　　　　)

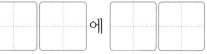

30초 요약

4 다음 빈칸에 알맞은 말을 넣어 "새알 만져 보기"의 내용을 한 문장으로 요약하세요.

말하는 이는 풀숲 작은 　　　　　에 　　　　　 두 개를 두고 가

는 것이 아쉬워 저만치 가다가 다시 와서 만져 보았습니다.

엄마하고

박목월

엄마하고 길을 가면
나는
키가 더 커진다.

엄마하고 얘길 하면
나는
말이 술술 나온다.

그리고 엄마하고 자면
나는
자면서도 엄마를 꿈에 보게 된다.

참말이야, 엄마는
내가
자면서도 빙그레
웃는다고 하셨어.

어휘 퀴즈 다음 뜻을 지닌 낱말을 찾아 ✔표 하세요.

❶ 말이나 글이 막힘없이 잘 나오거나 써지는 모양.
　☐쿨쿨　　　☐탈탈　　　☐술술

❷ 입을 약간 벌리고 소리 없이 부드럽게 웃는 모양.
　☐은근히　　☐빙그레　　☐슬그머니

어휘 뜻
• 참말 사실과 조금도
틀림이 없는 말.

5 이 시를 읽고 떠오르는 장면으로 알맞지 <u>않은</u> 것은 무엇인가요? (   )

① 엄마와 아이가 즐겁게 대화하는 장면

② 엄마가 아이를 혼내며 다그치는 장면

③ 엄마와 아이가 정답게 길을 걷는 장면

④ 엄마와 아이가 나란히 누워서 잠을 자는 장면

⑤ 엄마가 잠자고 있는 아이를 바라보며 미소를 짓는 장면

6 이 시에 나타난 말하는 이의 마음으로 알맞은 것은 무엇인가요? (   )

① 행복한 꿈을 많이 꾸고 싶다.

② 빨리 엄마처럼 키가 크고 싶다.

③ 엄마보다 말을 더 잘하고 싶다.

④ 재미있는 이야기를 많이 듣고 싶다.

⑤ 엄마와 함께 있으면 언제나 즐겁다.

7 이 시를 읽은 생각이나 느낌으로 알맞은 것을 두 가지 찾아 ○표 하세요.

(1) 사랑스러운 느낌이 든다.   (   )

(2) 따뜻하고 포근한 느낌이 든다.   (   )

(3) 쓸쓸하고 외로운 느낌이 든다.   (   )

30초 **요약**

8 다음 빈칸에 알맞은 말을 넣어 "엄마하고"의 내용을 한 문장으로 요약하세요.

말하는 이는 [ ][ ]와 함께 있으면 언제나 즐겁고 행복합니다.

독해 속
어휘 마무리!

1 다음 ( ) 안에 공통으로 들어갈 낱말을 완성하세요.

(1)
① ( ) 많은 나무에 바람 잘 날이 없다.
(뜻) 나무나 풀의 원줄기에서 뻗어 나온 줄기.

② 나는 여러 ( ) 방법으로 문제를 풀어 보았다.
(뜻) 사물을 그 성질이나 특징에 따라 종류별로 낱낱이 헤아리는 말.

ㄱ ㅈ

(2)
① ( )이 막혀서 약속 시간에 늦었다.
(뜻) 사람이나 동물 또는 자동차 따위가 지나갈 수 있게 땅 위에 낸 일정한 너비의 공간.

② 집에 가는 ( )에 서점에 들렀다.
(뜻) 어떠한 일을 하는 도중이나 기회.

ㄱ

(3)
① 어젯밤에 무시무시한 ( )을 꾸었다.
(뜻) 잠자는 동안에 깨어 있을 때와 마찬가지로 여러 가지 사물을 보고 듣는 정신 현상.

② 나의 ( )은 훌륭한 과학자가 되는 것이다.
(뜻) 실현하고 싶은 희망이나 이상.

ㄲ

2 다음 문장을 잘 읽어 보고, 두 개 중 맞춤법에 맞는 낱말을 찾아 ○표 하세요.

(1) 친구들과 [채험 / 체험] 학습으로 민속 박물관에 다녀왔다.

(2) 2층에 올라가니 옛날 [부엌 / 부억]이 있었다.

(3) 개나리는 진한 노란색 꽃이 피는데 [꽃입 / 꽃잎] 끝이 네 개로 갈라진다.

(4) 남자는 [어이없다는 / 어의없다는] 듯이 물었다.

(5) 화가는 색을 섞어 새로운 색을 만들어 [독트칸 / 독특한] 자신만의 그림을 그린다.

3 다음 그림과 설명을 보고, 밑줄 친 곳에 들어갈 낱말을 •보기•에서 찾아 쓰세요.

┌─ 보기 ─────────────────────────────────────┐
│　　　기운　　혼합　　역할　　인상　　온몸　　│
└──┘

(1) 잠을 못 자서 _____이 하나도 없다.

(2) 일기를 쓰면 _____ 깊은 일이 기억에 오래 남는다.

(3) 나는 이번 공연에서 놀부의 _____을 맡았다.

4 다음 밑줄 친 낱말의 반대말을 완성하세요.

(1)　밥을 먹기 전에 손을 <u>먼저</u> 씻어라.

　　그 일은 다른 일을 다 하고 　ㄴ　ㅈ　에 할 예정이다.

(2)　<u>양지</u>에는 벌써 새싹이 파릇파릇 돋았다.

　　　ㅇ　ㅈ　에는 아직도 눈이 녹지 않았다.

(3)　이 건축물은 모양이나 재료가 매우 <u>독특하다</u>.

　　내 외모는 눈에 잘 띄지 않고 　풍　버　ㅎ　ㄷ　.

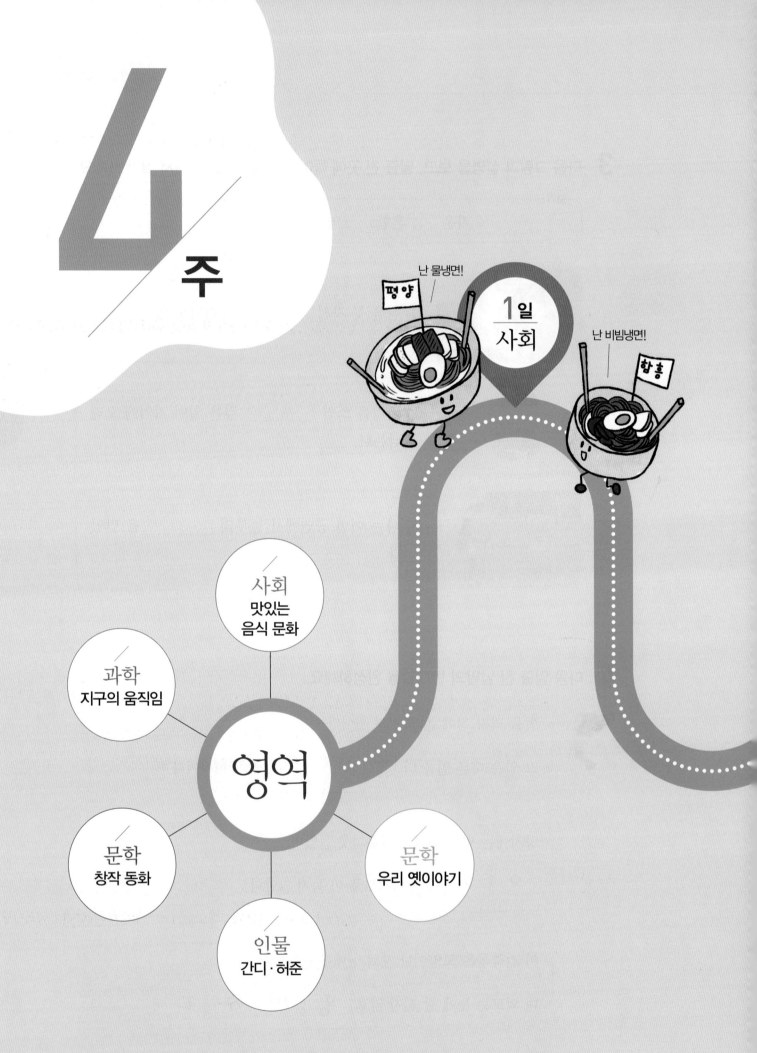

난 물냉면!

평양

1일
사회

난 비빔냉면!

함흥

사회
맛있는
음식 문화

과학
지구의 움직임

영역

문학
창작 동화

문학
우리 옛이야기

인물
간디·허준

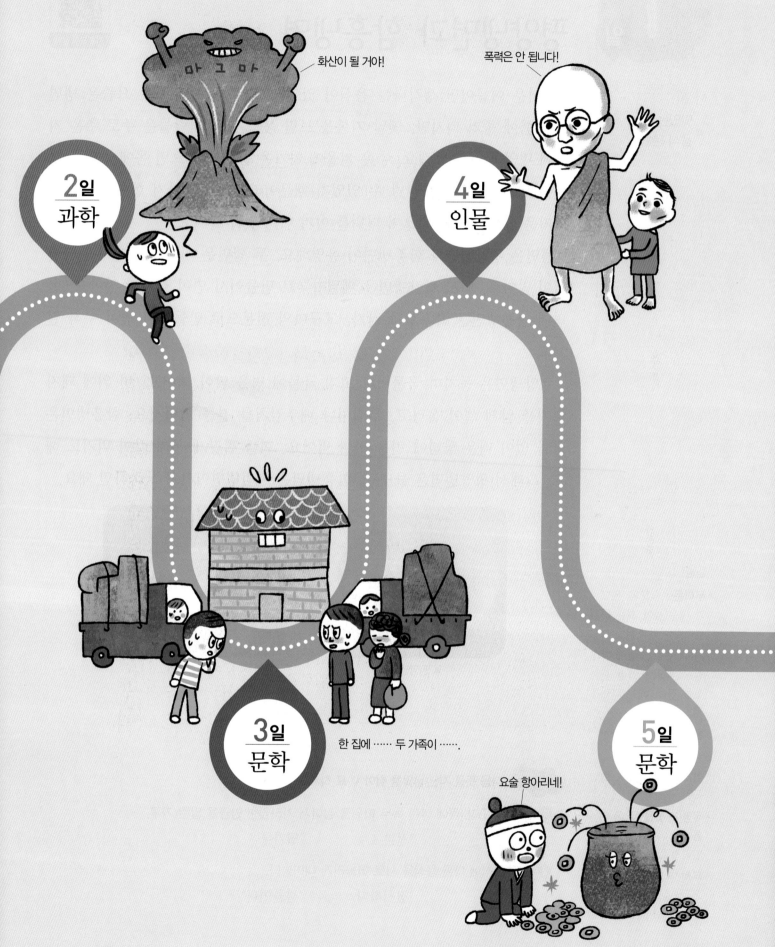

지문 분석 강의

평양냉면과 함흥냉면

무더운 여름이면 생각나는 음식이 있어요. 바로 냉면이에요. 요즘은 냉면을 여름에 즐겨 먹지만, 옛날 기록을 보면 북쪽 지방 사람들은 주로 추운 겨울에 먹었다고 알려 줘요. 추운 겨울에 차가운 음식을 먹으면 몸에서 열을 만들어 내서 추위를 이겨 낼 수 있었기 때문이라고 해요. 마치 한여름 복날에 뜨거운 삼계탕 등을 먹으며 더위를 이겨 내는 것과 같지요.

냉면은 평양냉면과 함흥냉면이 유명해요. 두 냉면은 비슷해 보이지만 다른 점이 많아요. 먼저 평양냉면은 메밀가루로 만들어서 면이 질기지 않아요. 반면에 함흥냉면은 옥수수나 감자, 고구마의 전분으로 만들어서 면이 무척 질겨요.

평양냉면은 동치미 국물이나 고기 국물에 면을 말아 먹어요. 면 위에 돼지고기를 얇게 썰어 올리고, 무김치나 배추김치를 곁들여 먹지요. 함흥냉면은 국물 없이 매운 양념에 면을 비벼 먹어요. 회를 빨갛게 무쳐 같이 먹기도 해요. 그래서 평양냉면은 물냉면, 함흥냉면은 비빔냉면이라고 생각하면 돼요.

▲ 평양냉면

▲ 함흥냉면

어휘 뜻

- **무더운** 습도와 온도가 매우 높아 찌는 듯 견디기 어렵게 더운.
- **기록** 주로 후일에 남길 목적으로 어떤 사실을 적음. 또는 그런 글.
- **한여름** 더위가 한창인 여름.
- **복날** 초복, 중복, 말복이 되는 날.
- **유명(有** 있을 유, **名** 이름 명) 이름이 널리 알려져 있음.
- **무쳐** 나물 따위에 갖은 양념을 넣고 골고루 한데 뒤섞어.

어휘 퀴즈 다음 뜻을 지닌 낱말을 찾아 ✔표 하세요.

1 감자, 고구마, 물에 불린 녹두 따위를 갈아서 가라앉힌 앙금을 말린 가루.

☐ 소금　　　☐ 전분　　　☐ 밀가루

2 주된 음식에 다른 음식을 서로 어울리게 내어놓다.

☐ 감추다　　　☐ 전시하다　　　☐ 곁들이다

1 글쓴이가 이 글을 쓴 까닭은 무엇인가요? (　　　)

① 평양냉면과 함흥냉면을 먹었던 경험을 전하려고
② 평양냉면과 함흥냉면을 많이 먹자고 주장하려고
③ 평양냉면과 함흥냉면을 먹는 나라를 알려 주려고
④ 평양냉면과 함흥냉면의 같은 점과 다른 점을 설명하려고
⑤ 평양냉면과 함흥냉면이라는 이름이 생겨난 까닭을 설명하려고

2 옛날 북쪽 지방 사람들은 주로 어느 계절에 냉면을 먹었는지 찾아 쓰세요.

(　　　　　　　)

4주 · 1일

3 이 글의 내용으로 알맞은 것에 ○표, 알맞지 <u>않은</u> 것에 ×표 하세요.

(1) 함흥냉면은 면이 질기지 않다. 　　　　　　　　　　(　　)
(2) 평양냉면은 메밀가루로 면을 만든다. 　　　　　　　(　　)
(3) 평양냉면은 국물 없이 양념에 면을 비벼 먹는다. 　(　　)
(4) 함흥냉면은 옥수수나 감자의 전분으로 면을 만든다. (　　)

30초 요약

4 다음 빈칸에 알맞은 말을 넣어 **"평양냉면과 함흥냉면"**의 핵심 내용을 한 문장으로 요약하세요.

메밀가루로 만드는 ☐☐ 냉면은 동치미 국물이나 고기 국물에

말아 먹고, 전분으로 만드는 ☐☐ 냉면은 양념에 비벼 먹습니다.

케밥

터키는 아시아와 유럽 사이에 있는 나라예요. 그래서 '동양과 서양을 잇는 다리'라고 부르기도 하지요. 터키에서 가장 유명한 음식은 케밥이에요.

케밥은 '꼬챙이에 끼워 불에 구운 고기'라는 뜻이에요. 말 그대로 고기를 썰어서 양념한 뒤 쇠꼬챙이에 끼워서 불에 구운 요리이죠. 유목민이었던 터키 사람들은 이동 중에 빨리 먹을 수 있는 음식이 필요했어요. 그래서 생겨난 음식이 바로 케밥이에요. 지금은 전 세계적으로 인기 있는 음식이 되었어요.

케밥은 만드는 방법에 따라 다양한 종류가 있어요. 잘 알려진 케밥으로는 고기를 넓적하게 썰어 층층이 쌓아서 커다란 꼬챙이에 끼운 뒤 잘 구워서 얇게 썰어 먹는 '도네르 케밥'과 고기와 채소를 작게 썰어 꼬챙이에 끼워 굽는 '시시 케밥'이 있어요.

이 밖에도 케밥의 종류는 셀 수 없이 많아요. 그런데 돼지고기로 만든 케밥은 없어요. 터키 사람들은 돼지고기를 금하는 이슬람교를 믿기 때문이에요.

케밥은 먹는 방법도 다양해요. 고기를 꼬챙이에서 빼낸 뒤 터키식 볶음밥과 같이 먹기도 하고, 화덕에 구운 빵에 고기를 싸서 먹기도 하지요.

▲ 시시 케밥

▲ 도네르 케밥

어휘 퀴즈 다음 뜻을 지닌 낱말을 찾아 ✔표 하세요.

❶ 여러 층으로 겹겹이 쌓인 모양.

☐ 층층이 ☐ 낱낱이 ☐ 샅샅이

❷ 어떤 일을 하지 못하게 말리다.

☐ 수용하다 ☐ 허락하다 ☐ 금하다

5 다음 중 케밥에 대한 설명으로 알맞은 것을 모두 고르세요. (　　,　　,　　)

① 밥이나 빵과 함께 먹기도 한다.

② 전 세계적으로 인기 있는 음식이다.

③ 꼬챙이에 끼워 튀긴 요리라는 뜻이다.

④ 도네르 케밥과 시시 케밥 두 종류만 있다.

⑤ 유목민이었던 터키 사람들이 이동 중에 빨리 먹기 위해 만든 음식이다.

6 다음에서 설명하는 케밥이 무엇인지 선으로 이으세요.

(1) 고기와 채소를 작게 썰어 꼬챙이에 끼워 굽는 케밥　　　　•

•㉮　도네르 케밥

(2) 고기를 넓적하게 썰어 층층이 쌓아서 꼬챙이에 끼운 뒤, 잘 구워서 얇게 썰어 먹는 케밥　　•

•㉯　시시 케밥

7 돼지고기로 만든 케밥이 없는 까닭은 무엇인가요? (　　　　)

① 터키에서는 돼지고기가 비싸서

② 터키 사람들이 돼지를 싫어해서

③ 터키 사람들이 이슬람교를 믿어서

④ 터키에서는 돼지고기가 매우 귀해서

⑤ 터키의 돼지고기는 질기고 맛이 없어서

🕐 **30초 요약**

8 다음 빈칸에 알맞은 말을 넣어 "케밥"의 핵심 내용을 한 문장으로 요약하세요.

　　　　의 대표적 음식인 케밥은 　　　를 　　　에 끼워 불에 구운 요리입니다.

지문 분석 강의

화산

화산은 땅속에서 만들어진 마그마가 땅 위로 솟아 나오면서 만들어진 산 모양의 지형이에요.

화산이 폭발할 때에는 화산 가스, 용암, 화산재, 화산 암석 등 여러 가지 물질이 나와요. 화산 가스는 회색빛의 연기나 구름처럼 보이는데 대부분 수증기로 이루어져 있어요. 화산 가스에는 독가스도 섞여 있어서 잘못 들이마시면 목숨을 잃을 수도 있어요. 용암은 땅 위로 흐르는 검붉은 물질이에요. 땅속 깊은 곳에서 암석이 뜨거운 열에 녹으면 마그마가 되는데, 이 마그마가 땅을 뚫고 흘러나온 것을 용암이라고 해요. 그리고 용암이 땅 위로 솟구치면서 굳어서 된 작은 가루를 화산재라고 해요.

용암과 마그마는 암석이 되기도 해요. 땅 위로 나온 용암이 빠르게 식으면 색이 어둡고 알갱이가 매우 작은 현무암이 돼요. 현무암에는 많은 구멍이 있는데 이것은 화산 가스가 빠져나가면서 생긴 것이에요. 땅속 깊은 곳에서 마그마가 천천히 식어서 굳으면 색이 밝고 알갱이가 큰 화강암이 돼요. 화강암은 오랜 시간에 걸쳐 만들어져 구멍이 없고 현무암보다 단단해요.

▲ 현무암   ▲ 화강암

어휘 뜻
- **마그마** 땅속 깊은 곳에서 액체 상태로 녹아 있는 뜨거운 물질.
- **지형(地** 땅 지, **形** 모양 형**)** 땅의 생긴 모양이나 형세.
- **물질** 세상의 온갖 것을 이루며, 보고 만질 수 있거나 과학적으로 다룰 수 있는 것.
- **독가스** 독성이 있어 생물에 큰 해가 되는 기체.
- **솟구치면서** 아래에서 위로, 또는 안에서 밖으로 세차게 솟아오르면서.

어휘 퀴즈 다음 뜻을 지닌 낱말을 찾아 ✔표 하세요.

❶ 기체 상태로 되어 있는 물.
☐수증기   ☐산소   ☐고체

❷ 검은빛을 띠면서 붉다.
☐새빨갛다   ☐검붉다   ☐거뭇하다

1 화산이 폭발할 때 나오는 물질이 <u>아닌</u> 것은 무엇인가요? (　　　)

① 구름　　　　　　② 용암　　　　　　③ 화산재

④ 화산 암석　　　　⑤ 화산 가스

2 용암에 대한 설명으로 알맞은 것은 무엇인가요? (　　　)

① 고운 가루 형태이다.

② 연기나 구름처럼 보인다.

③ 대부분 수증기로 이루어져 있다.

④ 마그마가 땅을 뚫고 흘러나온 것이다.

⑤ 암석이 땅속 깊은 곳에서 녹은 것이다.

4주
·
2일

3 다음은 현무암과 화강암의 차이점을 정리한 표입니다. 빈칸에 들어갈 알맞은
말을 쓰세요.

암석	현무암	화강암
만들어지는 곳	땅 위	땅속 깊은 곳
색깔	어둡다.	(1) (　　　)
알갱이 크기	(2) (　　　)	크다.
표면	많은 구멍이 있다.	구멍이 (3) (　　　)

사물의 가장 바깥쪽.•
또는 가장 윗부분.

4 다음 빈칸에 알맞은 말을 넣어 "화산"의 핵심 내용을 한 문장으로 요약하세요.

화산이 폭발할 때 화산 가스, 용암, , 화산 암석 등이

나오며, 현무암과 ☐☐☐이 만들어집니다.

흔들리는 땅

스티로폼의 양 끝을 잡고 힘을 주어 구부리면 어떻게 될까요? 스티로폼이 점점 휘어지다가 어느 순간 끊어지면서 손이 떨리는 것을 느낄 수 있어요. 이와 마찬가지로 땅속에 있는 지층이 오랫동안 큰 힘을 받아 휘어지다가 끊어지면서 땅이 흔들리는 현상을 지진이라고 해요. 스티로폼이 지층이라면 스티로폼을 손으로 구부리는 힘은 지구 안쪽에서 작용하는 힘이고, 스티로폼이 끊어질 때 생기는 손의 떨림은 지진이에요.

작은 지진이 발생하면 땅이 조금 흔들리지만, 큰 지진이 발생하면 엄청난 피해를 주어요. 땅이 흔들리면서 건물이 무너지고 도로와 다리가 부서지기도 해요. 건물이 무너지면 가스관이 파괴되거나 전선이 끊어져 폭발이나 화재가 나기도 하지요. 또 땅의 표면이 약해져 산사태가 나기도 하고, 댐이 무너져 수많은 집과 논밭이 물에 잠기기도 해요.

지진은 바다에서도 발생해요. 바다에서 지진이 발생하면 파도가 엄청나게

높아져서 해안가로 밀려오는데 이것을 '지진 해일'이라고 해요. 해일은 먼 바다에서는 높은 파도 정도지만 해안가 근처의 얕은 바다로 오면 최대 60미터에 이르는 거대한 파도로 변해요.

어휘 뜻

- **작용**(作 지을 작, 用 쓸 용) 어떠한 현상이나 행동을 생기게 하는.
- **파괴** 때려 부수거나 깨뜨려 헐어 버림.
- **표면**(表 겉 표, 面 낯 면) 사물의 가장 바깥쪽. 또는 가장 윗부분.
- **댐** 발전, 수리 따위의 목적으로 강이나 바닷물을 막아 두기 위하여 쌓은 둑.
- **해안가** 바닷물과 땅이 서로 닿은 곳이나 그 근처.

어휘 퀴즈 다음 뜻을 지닌 낱말을 찾아 ✔표 하세요.

❶ 여러 종류의 흙이 쌓여 층을 이루면서 돌처럼 굳어진 것.

☐ 지층　　　☐ 건물　　　☐ 도로

❷ 폭우나 지진, 화산 따위로 산 중턱의 바윗돌이나 흙이 갑자기 무너져 내리는 현상.

☐ 폭발　　　☐ 해일　　　☐ 산사태

5 스티로폼을 이용한 실험에서 다음은 무엇에 해당하는지 쓰세요.

| 스티로폼 | ➡ | 지층 |

| 스티로폼을 손으로 구부리는 힘 | ➡ | (1) |

| 스티로폼이 끊어질 때 손의 떨림 | ➡ | (2) |

6 다음 중 지진 때문에 생기는 피해가 <u>아닌</u> 것은 무엇인가요? (   )

① 땅이 흔들려 건물이 무너진다.
② 댐이 무너져 집이 물에 잠긴다.
③ 가스관이 파괴되어 화재가 난다.
④ 땅의 표면이 약해져 산사태가 난다.
⑤ 비가 많이 내려 논밭이 물에 잠긴다.

4주 · 2일

7 지진 해일에 대한 설명으로 알맞은 것을 모두 고르세요. (,   ,   )

① 먼 바다에서 파도의 높이가 가장 높다.
② 흙이 오랜 세월에 걸쳐 쌓이는 현상이다.
③ 바다 밑에서 발생하는 지진 때문에 생긴다.
④ 얕은 바다에서 파도의 높이가 갑자기 높아진다.
⑤ 파도가 엄청나게 높아져서 해안가로 밀려오는 현상이다.

30초 요약

8 다음 빈칸에 알맞은 말을 넣어 "흔들리는 땅"의 핵심 내용을 한 문장으로 요약하세요.

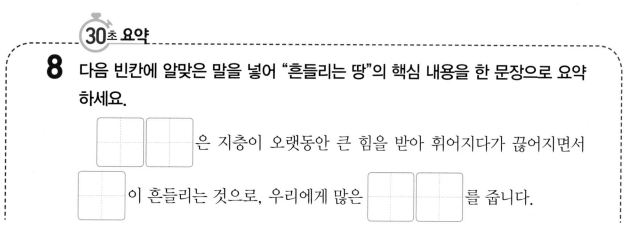

□□은 지층이 오랫동안 큰 힘을 받아 휘어지다가 끊어지면서

□이 흔들리는 것으로, 우리에게 많은 □□를 줍니다.

3일

한 지붕 두 가족

김진우

지문 분석 강의

영수네와 명구네가 양옥집 이 층으로 동시에 이사를 온 것은 지난 3월이었어요. 두 대의 트럭이 동시에 양옥집 대문 앞에 섰어요.

"차를 이렇게 바짝 대면 짐을 어떻게 내려요?"

"누가 할 소리를 합니까? 댁이나 이사할 집 앞에 차를 대요."

알고 보니 두 가족이 같은 집에 이사를 온 거예요.

"어디 계약서 좀 봅시다."

아버지들이 나서서 계약서를 확인해 보니 똑같았어요. 주인집에 부랴부랴 달려갔으나, 주인 부부는 아침에 미국으로 가 버리고 없었어요.

"먼저 들어가는 사람이 임자다. 어서 짐을 옮기자!"

잠시 생각하는 듯 고개를 떨구고 있던 두 가족은 마치 술래처럼 외치며 짐을 나르기 시작했어요. 두 가족 모두 그 집이 아니면 갈 곳이 없었거든요.

엎치락뒤치락 서로 밀고 당기며 짐을 다 옮기니 집 안에는 짐만 가득했어요.

그래서 주인아저씨가 돌아오는 날까지 한집에 살게 된 거예요. 두 가족 여덟 식구가 한집에 산다는 것은 보통 힘든 일이 아니었어요.

"명구야, 어서 앉아. 자리 뺏긴다."

식탁에 자리가 나면 누구든 먼저 앉는 사람이 임자였어요. 화장실도 그랬어요.

작품의 전체 줄거리

수록지문 영수네와 명구네가 같은 집에 계약을 하여 이사를 오고, 달리 방법이 없어 한 집에 이삿짐을 풂.	두 가족 여덟 식구가 한집에 사느라 여러 가지 소동과 다툼이 벌어지고, 점점 서로 지쳐 감.	모과나무에 새 잎이 돋는 것을 보고 봄이 완연해졌음을 깨닫고 두 가족이 양보하며 지냄.	미국에서 돌아온 집주인 아저씨가 미안하다며 이사를 가라고 하지만 두 가족은 헤어지기 싫어함.

어휘 뜻

- **양옥집** 서양식으로 지은 집.
- **이사**(移 옮길 이, 徙 옮길 사) 사는 곳을 다른 데로 옮김.
- **엎치락뒤치락** 연방 엎치었다가 뒤치었다가 하는 모양.

어휘 퀴즈 다음 뜻을 지닌 낱말을 찾아 ✔표 하세요.

❶ 계약되었음을 확인하기 위하여 쓰는 서류.

☐ 계약서　　☐ 등본　　☐ 각서

❷ 물건을 소유한 사람.

☐ 각자　　☐ 임대　　☐ 임자

1 영수네와 명구네가 동시에 이사를 온 곳은 어디인지 쓰세요.

( )

2 이 글을 읽고 떠오르는 장면으로 알맞지 <u>않은</u> 것은 무엇인가요? ( )

① 두 가족이 주인아저씨에게 항의하는 장면
② 두 가족이 계약서를 확인하고 당황하는 장면
③ 두 가족이 부랴부랴 주인집으로 달려가는 장면
④ 두 가족이 서로 식탁을 차지하려고 애쓰는 장면
⑤ 두 가족이 서로 짐을 옮기려고 엎치락뒤치락하는 장면

4주
·
3일

3 이 글에서 느껴지는 분위기는 어떠한가요? ( )

① 외롭고 슬프다.
② 무섭고 잔인하다.
③ 고요하고 평화롭다.
④ 다정하고 따뜻하다.
⑤ 다급하고 어수선하다.

30초 요약

4 다음 빈칸에 알맞은 말을 넣어 "한 지붕 두 가족"의 핵심 내용을 한 문장으로 요약하세요.

영수네와 명구네는 양옥집 이 층으로 동시에 ☐☐ 를 와서 두 가

족 ☐☐ 식구가 한집에 살게 되었습니다.

풍년 고드름

이준연

문학
/ 창작 동화

나는 함박눈입니다. 하늘에서 내려올 때 나는 고드름이 되고 싶었습니다.

'고드름이 되려면 지붕 위에 내려앉아야 해.'

나는 산이나 들에 내려앉을까 봐 | ㉠ |

다행히 나는 어느 초가지붕 위에 사뿐히 내려앉았습니다. 나처럼 고드름이 되고 싶어 하는 눈은 모두 초가지붕 위에 내려와 소복소복 쌓였습니다.

해님이 우리를 물방울로 만들어서 처마 끝으로 흘러내리게 해 주었습니다.

'정신을 바짝 차리자. 데구루루 굴러떨어지는 날에는 고드름이 못 된다. 정신을 바짝 차려야 해.'

나는 동그란 물방울이 되어 조심조심 처마 끝으로 내려갔습니다.

나는 데구루루 미끄러지다가 겨우 지푸라기를 붙잡았습니다.

"야, 고드름이 되었다!"

마침내 나는 고드름이 되었습니다.

창문에 손바닥만 한 유리 조각이 붙어 있어서 방 안을 들여다볼 수 있었습니다. 방 안에는 호롱불이 켜져 있고, 삼돌이와 삼순이가 화로에 둘러앉아 고구마를 구워 먹고 있었습니다.

"삼순아, 우리 수수께끼 알아맞히기를 할까? 이기는 사람이 잘 익은 고구마 하나 먹기다." / "그래, 좋아. 문제없어. 내가 이길 거야. 빨리 해."

어휘 뜻
● **풍년** 곡식이 잘 자라고 잘 여물어 평년보다 수확이 많은 해.
● **소복소복** 쌓이거나 담긴 물건이 여럿이 다 볼록하게 많은 모양.
● **처마** 지붕이 도리 밖으로 내민 부분.
● **데구루루** 약간 크고 단단한 물건이 단단한 바닥에서 구르는 소리. 또는 그 모양.
● **호롱불** 석유를 담아 불을 켜는 데에 쓰는 그릇에 켠 불.

작품의 전체 줄거리

| 수록지문 고드름이 되고 싶어서 지붕 위에 내려앉길 바랐던 함박눈은 지붕 위에 사뿐히 내려앉음. | 함박눈은 동그란 물방울이 되어 원하는 대로 처마 끝으로 흘러내려 갔고 고드름이 됨. | 삼돌이와 삼순이는 수수께끼 문제를 알아맞히는 사람이 잘 익은 고구마를 먹기로 함. | 고드름은 고드름이 길게 자라면 풍년이 든다는 할머니의 말을 듣고 풍년 고드름이 되기로 결심함. |

어휘 퀴즈 다음 뜻을 지닌 낱말을 찾아 ✔표 하세요.

❶ 낱낱의 짚. 또는 부서진 짚의 부스러기.
☐ 겨   ☐ 노끈   ☐ 지푸라기

❷ 숯불을 담아 놓는 그릇. 주로 불씨를 보존하거나 난방을 위하여 씀.
☐ 호롱불   ☐ 촛불   ☐ 화로

5 ㉠에 들어갈 '나'의 마음으로 알맞은 것은 무엇인가요? (   )

① 설렜습니다.

② 즐거웠습니다.

③ 미안하였습니다.

④ 심심하였습니다.

⑤ 조마조마하였습니다.

6 '내'가 고드름이 되기 위해 한 일을 두 가지 고르세요. (,   )

① 들에 내려앉았다.

② 초가지붕 위에 내려앉았다.

③ 물방울이 되어 땅으로 굴러떨어졌다.

④ 손바닥만 한 유리 조각에 달라붙었다.

⑤ 물방울이 되어 처마 끝으로 내려가 지푸라기를 붙잡았다.

7 삼돌이와 삼순이가 하려는 놀이는 무엇인지 찾아 빈칸에 알맞게 쓰세요.

☐☐☐☐☐☐☐☐☐☐

30초 **요약**

8 다음 빈칸에 알맞은 말을 넣어 "풍년 고드름"의 핵심 내용을 한 문장으로 요약하세요.

함박눈인 '나'는 ☐☐☐이 되어 ☐☐☐와

삼순이가 있는 방 안을 들여다보았습니다.

지문 분석 강의

평화를 사랑한 간디

간디는 인도의 부유한 집안에서 막내아들로 태어났습니다. 인도가 영국의 지배를 받고 있었지만 간디는 부족함 없이 자라 변호사가 되었습니다. 그러던 어느 날, 남아프리카에서 단지 인도 사람이라는 이유로 기차에서 쫓겨난 일을 겪은 뒤 간디는 인도를 위해 싸우겠다는 결심을 하게 되었습니다.

간디는 인도로 돌아가 독립 운동을 하였습니다.

"여러분, 영국 회사에서 일하지 마십시오! 영국에 세금도 내지 마십시오!"

"영국 물건을 쓰지 말고 우리 국산품을 사용합시다!"

"우리들이 물레를 돌려 옷을 만들어 입읍시다!"

어디를 가든 간디는 이렇게 힘주어 말했고, 처음에는 영국이 무서워 고개를 갸웃거리던 인도 사람들도 점점 간디의 말을 따르기 시작하였습니다. 깜짝 놀란 영국 사람들은 간디를 감옥에 가두기도 했습니다. 간디는 가까스로 감옥에서 풀려난 뒤에도 독립 운동을 계속하였고, 영국 사람들이 총을 겨눌 때마다 이렇게 외쳤습니다.

"한 사람도 죽으면 안 됩니다. 절대 폭력을 쓰면 안 됩니다!"

인도 사람들은 간디를 따라 뭉쳤고, 영국 경찰의 탄압 앞에 쓰러지면서도 끝까지 폭력을 쓰지 않았습니다. 이러한 노력으로 1947년 8월 15일, 드디어 인도 사람들은 빼앗긴 나라를 되찾았습니다. 위대한 지도자 간디가 죽음도 두려워하지 않고 애쓴 결과였습니다.

어휘 뜻

• **부유한** 재물을 풍부하게 가지고 있는.

• **독립(獨** 홀로 독, **立** 설 립**)** 한 나라가 정치적으로 완전한 주권을 행사함.

• **국산품(國** 나라 국, **産** 낳을 산, **品** 물건 품**)** 자기 나라에서 생산한 물품.

• **탄압** 무력이나 권력으로 많은 사람을 억지로 눌러 꼼짝 못 하게 함.

어휘 퀴즈 다음 뜻을 지닌 낱말을 찾아 ✔표 하세요.

1 어떤 사람이나 단체 등을 자기의 마음대로 다스림.

☐순종 ☐지배 ☐자유

2 남을 가르쳐 이끄는 사람.

☐변호사 ☐범죄자 ☐지도자

1 간디가 기차에서 쫓겨났던 까닭으로 알맞은 것에 ○표 하세요.

(1) 인도 사람이어서 ( )

(2) 기차에 자리가 없어서 ( )

(3) 기차표를 사지 않아서 ( )

2 간디가 주장한 내용으로 알맞지 <u>않은</u> 것은 무엇인가요? ( )

① 인도 물건을 사용하자.

② 영국 물건을 쓰지 말자.

③ 영국에 세금을 내지 말자.

④ 말로 안 되면 폭력을 쓰자.

⑤ 영국 회사에서 일하지 말자.

4주
·
4일

3 이 글을 읽고 간디에게 본받을 점을 알맞게 말하지 <u>못한</u> 친구의 이름을 쓰세요.

예지: 간디는 독립을 위해 죽음도 두려워하지 않고 애썼어.

재경: 간디는 부유한 집안의 막내아들로 태어나 부족함 없이 잘 자랐어.

만세: 간디는 폭력을 쓰지 않고 평화로운 방법으로 독립 운동을 하였어.

( )

30초 **요약**

4 다음 빈칸에 알맞은 말을 넣어 "평화를 사랑한 간디"의 핵심 내용을 한 문장으로 요약하세요.

간디가 [ ][ ]을 쓰지 않고 독립 운동을 한 끝에 [ ][ ]는

1947년에 영국으로부터 [ ][ ] 했습니다.

인물
/ 허준

착한 의사 허준

가 허준이 의원 시험을 보러 한양으로 가던 길에 충청도에서 하룻밤 묵었을 때의 일입니다. 한 아낙네가 의원 시험을 보러 가는 사람들을 붙잡고 어머니의 병을 고쳐 달라고 부탁했습니다. 사람들은 시험을 앞두고 있던 터라 모두 거절했습니다. 허준은 아낙네의 딱한 처지를 모른 척할 수가 없어 아낙네를 따라가 어머니의 병을 낫게 해 주었습니다. 그런데 그 소문이 마을 전체에 퍼져 마을 사람들이 병을 고쳐 달라고 몰려들었어요. 결국 허준은 마을 사람들의 병을 고쳐 주다 시험 시간에 늦어서 의원 시험을 보지 못했습니다.

나 허준은 스물아홉 살에 의원 시험에 합격하였고, 혜민서에서 일하면서 가난하고 불쌍한 환자들을 정성껏 돌보았습니다. 나라에 돌림병이 돌았을 때에도 다른 의원들은 치료하기를 꺼렸으나 허준은 망설임 없이 환자에게 달려가 여러 가지 약을 써서 돌림병을 낫게 했습니다.

다 그러던 중 허준을 아끼던 선조가 세상을 떠나자 질투심 많은 사람들이 허준을 모함하였고, 허준은 궁궐에서 쫓겨났습니다. 하지만 허준은 오히려 마음 놓고 책을 쓸 수 있으니 다행이라고 생각했습니다. 허준은 책을 쓰기 시작한 지 15년 만에 『동의보감』을 완성하였습니다. 『동의보감』은 입에서 입으로 전해지던 당시 치료법을 정리한 책입니다.

어휘 뜻

- **의원** 예전에 의술로 병을 고치는 것을 직업으로 삼았던 사람.
- **처지** 처하여 있는 사정이나 형편.
- **혜민서(惠** 은혜 혜, **民** 백성 민, **署** 마을 서) 조선 시대에 가난한 백성을 무료로 치료하고 여자들에게 침술을 가르치는 일을 맡아보던 관아.
- **꺼렸으나** 사물이나 일 따위가 자신에게 해가 될까하여 피하거나 싫어했으나.

어휘 퀴즈 다음 뜻을 지닌 낱말을 찾아 ✔표 하세요.

① 어떤 지역에 널리 퍼져 여러 사람이 잇따라 돌아가며 옮아 앓는 병.

☐ 감기　　　☐ 유전병　　　☐ 돌림병

② 나쁜 꾀로 남을 어려운 처지에 빠지게 함.

☐ 모함　　　☐ 선행　　　☐ 도움

5 글 ㉮에서 허준이 의원 시험을 보지 못한 까닭은 무엇인가요? (   )

① 시험에 자신이 없어서

② 시험 장소를 잘못 알아서

③ 늦잠을 자느라 시험에 늦어서

④ 의원 공부를 제대로 하지 않아서

⑤ 환자들을 돌보느라 시험 시간에 늦어서

6 다음을 허준이 한 일의 순서대로 기호를 쓰세요.

> ㉮ 궁궐에서 쫓겨남.　　　　　　㉯ 『동의보감』을 완성함.
>
> ㉰ 의원 시험에 합격함.　　　　　㉱ 혜민서에서 환자들을 정성껏 돌봄.

(   ) → (   ) → (   ) → (   )

7 허준의 성격으로 알맞은 것은 무엇인가요? (   )

① 약속을 잘 지키지 않는다.

② 자신보다 다른 사람을 먼저 생각한다.

③ 다른 사람에게 칭찬받기 위해 노력한다.

④ 자신감이 없고 결정을 잘 내리지 못한다.

⑤ 다른 사람의 도움을 받는 것을 좋아한다.

30초 요약

8 다음 빈칸에 알맞은 말을 넣어 "착한 의사 허준"의 핵심 내용을 한 문장으로 요약하세요.

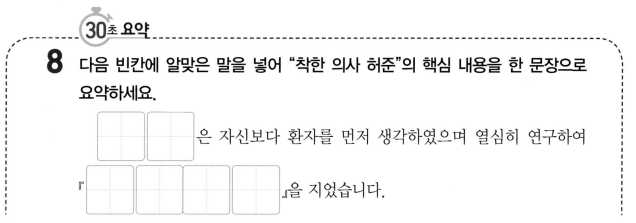

□□ 은 자신보다 환자를 먼저 생각하였으며 열심히 연구하여

『□□□□』을 지었습니다.

요술 항아리

어느 날, 농부가 밭에서 항아리 하나를 발견했어요. 농부는 밭일을 마친 뒤 항아리에 괭이를 넣고 집으로 돌아왔어요.

다음 날, 농부는 아침 일찍 밭에 나가려고 항아리에 넣어 두었던 괭이를 꺼냈어요. 그런데 항아리 안에 괭이가 하나 더 들어 있는 게 아니겠어요?

'이상하다. 분명히 하나였는데…….'

농부는 엽전 한 개를 항아리에 넣어 보았어요. 그리고 항아리에 손을 넣어 엽전을 꺼냈는데 항아리에는 여전히 엽전 한 개가 남아 있었어요.

농부는 너무나 신기해서 항아리에서 엽전을 꺼내고 또 꺼냈어요.

어느새 엽전은 마당 가득히 쌓였고, 가난하던 농부는 요술 항아리 덕분에 큰 부자가 되었어요. 농부가 부자가 되었다는 소문은 온 고을에 퍼졌어요.

어느 날, 부자 영감이 농부를 찾아왔어요.

"자네가 밭에서 요술 항아리를 주웠다지? 그런데 그 밭은 내가 판 밭이 아닌가? 밭만 사고 항아리는 사지 않았으니 그 항아리는 내 것일세."

"아니, 그게 무슨 말씀이십니까? 제가 산 밭에서 나왔으니까, 그 항아리는 제 것입니다." / 농부와 부자 영감은 말다툼을 하며 실랑이를 벌였어요.

"우리 원님에게 가서 항아리가 누구 것인지 가려냅시다."

두 사람은 관아로 달려갔어요.

작품의 전체 줄거리

수록지문 농부가 밭에서 무엇이든 한 개를 넣으면 두 개가 되는 신기한 항아리를 발견함.	농부에게 밭을 판 부자 영감이 찾아와서 자신이 판 땅이므로 요술 항아리가 자신의 것이라고 주장함.	두 사람은 요술 항아리의 주인을 가리기 위해 원님을 찾아가지만 원님에게 항아리를 빼앗김.	원님의 아버지가 요술 항아리에 빠져 아버지가 여러 명이 되고, 원님은 자신의 행동을 후회함.

어휘 퀴즈 다음 뜻을 지닌 낱말을 찾아 ✔표 하세요.

❶ 땅을 파거나 흙을 고르는 데 쓰는 농기구.

☐바가지　　☐항아리　　☐괭이

❷ 예전에 사용하던, 놋쇠로 만든 돈.

☐수표　　☐엽전　　☐지폐

1 농부가 발견한 항아리는 어떤 항아리인가요? (　　　)

① 살짝만 건드려도 깨지는 항아리
② 소원을 말하면 그대로 들어주는 항아리
③ 무엇이든 넣기만 하면 사라지는 항아리
④ 무엇이든 넣기만 하면 반으로 쪼개지는 항아리
⑤ 무엇이든 넣기만 하면 똑같은 것이 계속 나오는 항아리

2 부자 영감의 성격은 어떠한가요? (　　　)

① 겁이 많다.
② 부지런하다.
③ 욕심이 많다.
④ 돈을 함부로 쓴다.
⑤ 은혜를 갚을 줄 안다.

4주
5일

3 다음 중 일이 일어난 때가 옛날임을 알 수 있게 해 주는 것을 두 가지 고르세요. (　 , 　)

① 농부　　　　　② 엽전　　　　　③ 원님
④ 부자　　　　　⑤ 항아리

⏱ **30**초 요약

4 다음 빈칸에 알맞은 말을 넣어 "요술 항아리"의 핵심 내용을 한 문장으로 요약하세요.

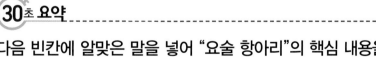

농부가 밭에서 발견한 　　　　　 덕분에 부자

가 되자, 부자 　　 이 요술 항아리를 빼앗으려고 하였습니다.

소가 된 게으름뱅이

"영감님, 그 쇠머리 탈은 어디에 쓰려고 만드십니까?"

"이거 말인가? 일하기 싫은 사람이 쓰면 좋은 수가 생긴다네." / "아니, 그게 정말입니까?"

게으름뱅이는 노인의 말에 귀가 솔깃해서 탈을 써 보게 해 달라고 마구 졸랐어. 그러자 노인은 쇠머리 탈을 게으름뱅이의 얼굴에 씌워 주었지.

그런데 세상에! 순간 게으름뱅이는 진짜 소로 변해 버렸어.

"이게 어떻게 된 거야? 영감님, 어서 이 탈 좀 벗겨 줘요."

게으름뱅이는 소리치며 애원했지만, 나오는 건 음매음매 소 울음소리뿐이었지. 소는 마구 발버둥을 쳤어. 하지만 노인은 태연히 소를 끌고 장으로 가서 농부에게 소를 팔았어. 그러고는 농부에게 당부했지.

"이 소는 무를 먹으면 죽는답니다. 그러니 절대 무를 주지 마세요."

농부는 별난 소가 다 있다는 생각이 들었지만, 싼값에 소를 산 것이 기뻐서 얼른 집으로 끌고 갔지.

다음 날부터 소는 하루 종일 쟁기를 끌며 논밭을 갈았어.

㉠"난 소가 아니오! 사람이란 말이오!"

울부짖고 버티어 봤자, 돌아오는 건 채찍질뿐이었어. 온몸이 아팠지만, 소는 하루도 쉴 수가 없었지.

어휘 뜻

- **수** 일을 처리하는 방법이나 수완.
- **태연히** 마땅히 머뭇거리거나 두려워할 상황에서 태도 등이 아무렇지도 않은 듯이 예사롭게.
- **쟁기** 논밭을 가는 농기구.
- **갈았어** 쟁기나 트랙터 따위의 농기구나 농기계로 땅을 파서 뒤집었어.

작품의 전체 줄거리

어느 마을에 빈둥빈둥 놀기만 하는 게으름뱅이가 일하라는 아내의 잔소리가 듣기 싫어 집을 나옴.	**수록지문** 게으름뱅이는 일하기 싫은 사람이 쇠머리 탈을 쓰면 좋은 수가 생긴다는 말을 들음.	노인에게 쇠머리 탈을 받아서 쓴 게으름뱅이는 소로 변하여 쉴 새 없이 일만 하게 되었음.	소가 죽으려고 무를 먹자 다시 사람으로 변하고, 게으름뱅이는 고향으로 돌아가 부지런한 사람이 됨.

 어휘 퀴즈 다음 뜻을 지닌 낱말을 찾아 ✔표 하세요.

❶ 소원이나 요구 따위를 들어 달라고 애처롭게 사정하여 간절히 바람.

☐애원 ☐명령 ☐지시

❷ 말로 단단히 부탁함.

☐야단 ☐당부 ☐발버둥

5 게으름뱅이가 소로 변한 까닭으로 알맞은 것을 찾아 기호를 쓰세요.

㉮ 노인의 말을 듣지 않고 무를 먹어서

㉯ 노인에게 소가 되고 싶다고 조르고 애원해서

㉰ 노인이 가지고 있던 쇠머리 탈을 얼굴에 써서

(   )

6 ㉠을 실감 나게 읽을 때 어울리는 목소리는 무엇인가요? (   )

① 궁금한 목소리

② 밝고 명랑한 목소리

③ 작고 부드러운 목소리

④ 비아냥거리며 놀리는 목소리

⑤ 울부짖으며 애원하는 목소리

4주 · 5일

7 이 글을 통해 얻을 수 있는 교훈은 무엇인가요? (   )

① 자신이 잘하는 일을 해야 한다.

② 거짓말을 함부로 하면 안 된다.

③ 게으름을 피우지 말고 부지런해야 한다.

④ 백 번 듣는 것보다 한 번 해 보는 것이 좋다.

⑤ 다른 사람을 속이지 말고 정직하게 살아야 한다.

30초 요약

8 다음 빈칸에 알맞은 말을 넣어 "소가 된 게으름뱅이"의 핵심 내용을 한 문장으로 요약하세요.

게으름뱅이는 ☐☐☐☐ 을 썼다가 ☐ 로 변하여

쉴 새 없이 일을 해야 했습니다.

1 다음 주황색으로 쓴 말의 뜻을 찾아 ○표 하세요.

(1)
> 운동을 심하게 했더니 다리에 쥐가 났다.

① 사람이나 동물의 몸통 아래 붙어 있는 신체의 부분. ( )

② 물을 건너거나 또는 한편의 높은 곳에서 다른 편의 높은 곳으로 건너다닐 수 있도록 만든 시설물. ( )

(2)
> 이 고개만 넘으면 할머니 댁이 나온다.

① 목의 뒷등이 되는 부분. ( )

② 산이나 언덕을 넘어 다니도록 길이 나 있는 비탈진 곳. ( )

(3)
> 잼을 병에 담아 냉장고에 넣었다.

① 생물체의 건강이 나빠진 상태. ( )

② 주로 액체나 가루를 담는 데에 쓰는 목과 아가리가 좁은 그릇. ( )

2 다음은 낱말의 뜻을 국어사전에서 찾은 것입니다. 알맞게 채워 완성하세요.

(1) 지형: [ㄸ] 의 생긴 모양이나 형세.

(2) 기록: 주로 후일에 남길 목적으로 어떤 사실을 [저][으]. 또는 그런 글.

(3) 음식: 사람이 [므][으] 수 있도록 만든, 밥이나 국 따위의 물건.

3 다음 낱말의 뜻을 생각하며 (　　) 안에 들어갈 알맞은 말에 밑줄 치세요.

> 질다: 밥이나 반죽 따위가 되지 아니하고 물기가 많다.
> 질기다: 물건이 쉽게 해지거나 끊어지지 아니하고 견디는 힘이 세다.

(1) 물을 많이 넣었더니 반죽이 (질다 / 질기다).

(2) 냉면의 면이 너무 (질어서 / 질겨서) 끊어지지 않는다.

4 다음 빈칸에 들어갈 알맞은 말을 •보기•에서 찾아 쓰세요.

> •보기•
> 소복소복　　데구루루　　엎치락뒤치락

(1) 밤사이 내린 흰 눈이 장독마다 [　　　　　] 쌓여 있었다.

(2) 밤나무에 달려 있던 밤톨이 [　　　　　] 굴러떨어졌다.

(3) 둘의 싸움은 [　　　　　] 하며 승자가 계속 바뀌었다.

5 다음 밑줄 친 낱말을 맞춤법에 알맞게 고쳐 쓰세요.

(1) 아버지와 <u>야튼</u> 시냇물에서 다슬기를 잡았다. ➡ [　][　]

(2) 어머니께서 주신 백과사전은 매우 <u>두껍따</u>. ➡ [　][　][　]

(3) 바람 한 점 없는 <u>묻어운</u> 날씨가 계속되었다. ➡ [　][　][　]

5주

재미있겠다.
나도 할래!

1일
사회

영역

사회
놀이 문화

과학
생활 속 과학

문학
세계 명작

스포츠
나라별
대표 운동

문학
신화

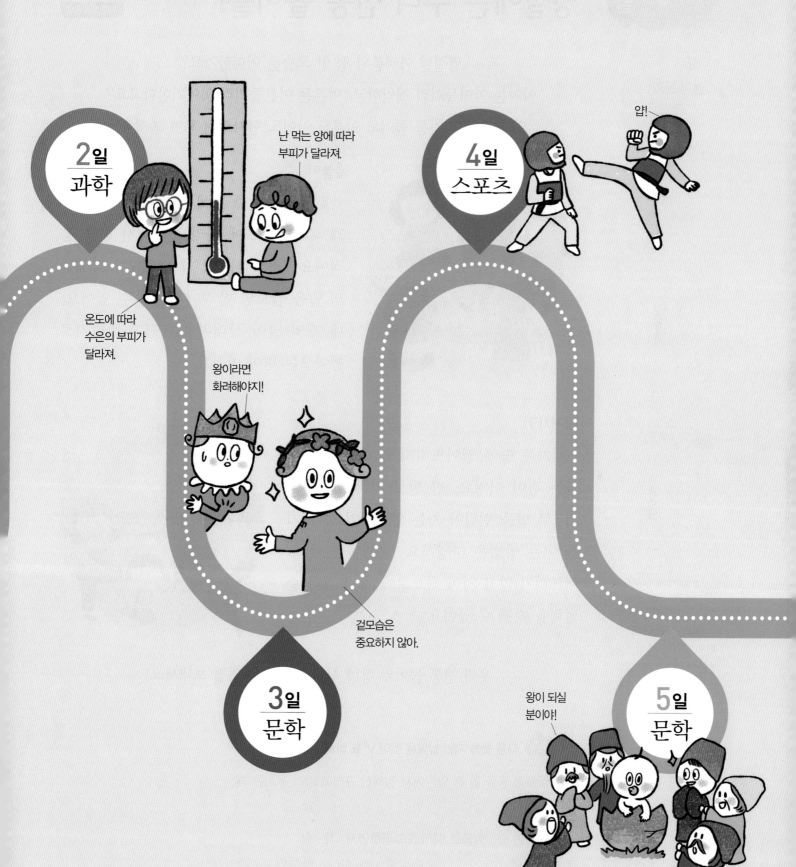

지문 분석 강의

명절에는 우리 전통 놀이를!

명절날 여러분의 집 안 모습은 어떠한가요?

아이는 아이들끼리 게임하고, 어른은 어른들끼리 이야기한다고요?

이제 우리의 전통 놀이로 어른도 아이도 한자리에 모여 보세요!

윷놀이

윷 네 개를 동시에 던져서 나온 '도·개·걸·윷·모'에 따라 윷판에서 말을 움직여요. '윷'이나 '모'가 나오거나 상대편의 말을 잡으면 한 번 더 던질 수 있어요. 네 개의 말이 상대편보다 먼저 출발지로 돌아오는 편이 이겨요.

제기차기

제기를 땅에 떨어뜨리지 않고 발로 많이 차는 편이 이겨요. 한 발로 차는 한 발 차기, 두 발을 번갈아 차는 양발차기 등 제기를 차는 방법은 다양해요. 제기를 땅에 떨어뜨리지 않고 차야 하므로 균형 감각과 순발력을 기를 수 있어요.

우리 전통 놀이와 함께 신나고 즐거운 명절 보내세요!

어휘 퀴즈 다음 뜻을 지닌 낱말을 찾아 ✔표 하세요.

❶ 윷놀이 등을 할 때 말판에서 정해진 규칙에 따라 옮기는 패.

☐틸　　☐발　　☐말

❷ 근육이 순간적으로 빨리 오그라들면서 나는 힘.

☐실력　　☐순발력　　☐설득력

1 이 글을 쓴 목적은 무엇인가요? (　　　)

① 명절에 한 일을 전하기 위해

② 전통 놀이가 생긴 까닭을 설명하기 위해

③ 명절에는 전통 놀이를 하자고 권하기 위해

④ 각 명절에 먹는 전통 음식을 설명하기 위해

⑤ 우리 명절을 소중히 여기자고 주장하기 위해

2 윷놀이에 대해 <u>잘못</u> 말한 친구는 누구인가요? (　　　)

① 정민: 윷놀이를 하려면 윷, 윷판, 말이 필요해.

② 성현: 상대편의 말을 잡으면 한 번 더 던질 수 있어.

③ 동민: 윷을 던져 나온 결과에 따라 말을 옮길 수 있어.

④ 하주: '도'나 '개'가 나오면 윷을 한 번 더 던질 수 있어.

⑤ 다연: 네 개의 말이 먼저 출발지로 돌아오는 편이 이기는 거야.

3 제기차기에 대한 설명으로 알맞은 것에 ○표, 알맞지 <u>않은</u> 것에 ×표 하세요.

(1) 우리나라 전통 놀이이다. (　　　)

(2) 어른들만 할 수 있는 놀이이다. (　　　)

(3) 한 발 차기와 양발차기의 두 가지 방법만 있다. (　　　)

(4) 제기차기를 하면 균형 감각과 순발력을 기를 수 있다. (　　　)

(5) 제기를 땅에 떨어뜨리지 않고 발로 많이 차는 편이 이긴다. (　　　)

30초 요약

4 다음 빈칸에 알맞은 말을 넣어 "명절에는 우리 전통 놀이를!"의 핵심 내용을 한 문장으로 요약하세요.

어른, 아이가 모여 ☐☐☐ , 제기차기와 같은 ☐☐

☐☐ 를 하면 신나고 즐거운 ☐☐ 을 보낼 수 있습니다.

세계의 전통 놀이

우리는 누구나 놀이를 합니다. 놀이를 하면 다른 사람과 어울릴 수 있고, 재미를 얻을 수 있으며, 몸의 피로도 풀 수 있습니다. 그래서 옛날부터 세계 여러 나라 사람들이 놀이를 즐겨 왔고, 그 나라만의 전통 놀이가 생겼습니다.

베트남에는 '냐이 삽' 놀이가 있습니다. 양쪽 사람이 대나무를 잡고 벌렸다가 모으면 대나무 사이에 있는 사람은 대나무에 걸리지 않도록 뛰면서 피합니다.

일본에는 '다루마오토시' 놀이가 있습니다. 블록을 차례대로 쌓은 뒤, 맨 위에 달마 얼굴 모양을 올려놓습니다. 그런 다음 아래쪽 블록을 나무망치로 쳐서 빼내는 놀이로, 달마 얼굴 모양의 블록을 떨어뜨리는 사람이 집니다.

독일에는 '그림자 사냥' 놀이가 있습니다. 사냥꾼을 한 명 정하고, 나머지 사람들은 사냥꾼을 피해 도망을 다닙니다. 사냥꾼에게 그림자를 밟힌 사람은 태양 아래에 가만히 앉아 있어야 합니다.

어휘 뜻

● **즐겨** 즐겁게 누리거나 맛봐.

● **블록** 쌓아 올리도록 만든 장난감.

● **사냥** 총이나 활 또는 올가미 따위로 산이나 들의 짐승을 잡는 일.

● **도망(逃** 도망할 도, **亡** 도망할 망) 피하거나 쫓기어 달아남.

어휘 퀴즈 다음 뜻을 지닌 낱말을 찾아 ✔표 하세요.

❶ 함께 사귀어 잘 지내거나 일정한 분위기에 끼어 들어 같이 휩싸이다.

☐ 풀다　　☐ 어울리다　　☐ 피하다

❷ 과로로 정신이나 몸이 지쳐 힘듦. 또는 그런 상태.

☐ 기력　　☐ 활력　　☐ 피로

5 이 글에서 가장 중요한 내용은 무엇인가요? (   )

① 우리는 누구나 놀이를 한다.

② 놀이를 하면 재미를 얻을 수 있다.

③ 세계에는 다양한 전통 놀이가 있다.

④ '냐이 삽' 놀이를 할 때에는 대나무가 필요하다.

⑤ '다루마오토시' 놀이는 나무망치로 블록을 빼내는 놀이이다.

6 다음 빈칸에 들어갈 알맞은 말을 써넣어 표를 완성하세요.

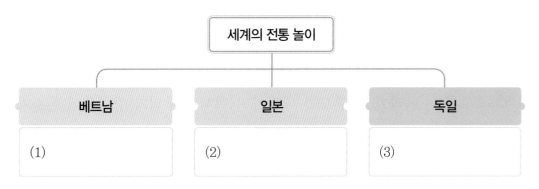

7 다음은 어떤 놀이를 하는 방법인지 찾아 쓰세요.

> 사냥꾼에게 그림자를 밟힌 사람은 태양 아래에 가만히 앉아 있습니다.

(   )

30초 **요약**

8 다음 빈칸에 알맞은 말을 넣어 "세계의 전통 놀이"의 핵심 내용을 한 문장으로 요약하세요.

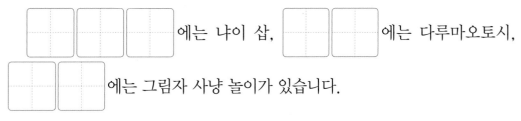

지문 분석 강의

부피 변화를 이용해요

우리 주변에는 물체의 부피 변화를 이용한 것들이 많습니다. 부피란 어떤 물체가 차지하는 크기를 말합니다.

기차가 다니는 철로와 철로 사이를 보면 틈이 있습니다. 철로는 금속으로 만들어서 더운 여름에 열을 받으면 길이가 늘어납니다. 만약 틈이 없이 철로를 연결한다면 철로가 휘어져 기차가 탈선할 수도 있습니다. 반대로 추운 겨울에는 철로의 길이가 줄어들어 틈새가 넓게 벌어집니다.

온도를 잴 때 사용하는 온도계는 액체의 부피 변화를 이용한 것입니다. 온도계에는 수은이나 알코올이 들어 있는데, 온도에 따라 이 액체의 부피가 일정하게 달라집니다. 온도가 올라가면 액체의 부피가 늘어나 온도계의 눈금이 올라가고, 온도가 내려가면 액체의 부피가 줄어들어 온도계의 눈금이 내려갑니다.

찌그러진 탁구공을 뜨거운 물에 넣으면 원래 모양대로 돌아오는 것은 공기의 부피 변화를 이용한 것입니다. 찌그러진 탁구공을 뜨거운 물에 넣으면 탁구공 속에 있는 공기가 열을 받아 부피가 늘어나기 때문에 찌그러진 부분이 펴지게 됩니다.

어휘 뜻

• **부피** 넓이와 높이를 가진 물건이 공간에서 차지하는 크기.

• **변화(變** 변할 변, **化** 될 화) 사물의 성질, 모양, 상태 따위가 바뀌어 달라짐.

• **물체(物** 물건 물, **體** 몸 체) 보고 만질 수 있고 무게가 있는 물건.

• **틈** 벌어져 사이가 난 자리.

• **금속** 쇠·구리·금·은과 같은 물질.

• **눈금** 자·저울·온도계 따위에 표시해 놓은 금.

어휘 퀴즈 다음 뜻을 지닌 낱말을 찾아 ✓표 하세요.

❶ 기차나 전차 따위의 바퀴가 선로를 벗어남.

☐틈새　　☐철로　　☐탈선

❷ (온도계·의약품 등에 쓰이는) 보통 온도에서 액체 상태로 있는 무거운 흰 금속.

☐기체　　☐부피　　☐수은

1 이 글의 내용으로 보아 물체의 부피에 가장 큰 영향을 끼치는 것은 무엇인가요? (   )

① 햇빛   ② 온도   ③ 색깔
④ 모양   ⑤ 바람

2 이 글에 나오지 <u>않은</u> 내용은 무엇인가요? (   )

① 부피의 뜻
② 철로에 틈새가 있는 까닭
③ 찌그러진 탁구공을 펴는 방법
④ 액체의 부피 변화를 이용한 물건
⑤ 금속의 부피가 달라졌을 때의 무게 변화

3 이 글의 내용을 바르게 이해한 친구의 이름을 모두 쓰세요.

동호: 온도계를 얼음물 속에 넣으면 수은의 부피가 늘어나게 돼.
진수: 찌그러진 탁구공을 차가운 물에 넣으면 펴지지 않을 거야.
재혁: 금속, 수은, 알코올, 공기의 부피가 달라진다는 게 신기해.
나영: 철로를 틈 없이 연결하면 여름에 철로가 휘어져서 위험할 거야.

(,   ,   )

⏱30초 요약

4 다음 빈칸에 알맞은 말을 넣어 "부피 변화를 이용해요"의 핵심 내용을 한 문장으로 요약하세요.

우리 주변에는 온도가 올라가면 [ ][ ] 나고 온도가 내려가면

[ ][ ] 드는 물체의 [ ][ ] 변화를 이용한 것들이 많습니다.

5주
·
2일

소금의 놀라운 능력

우리는 싱거운 음식의 간을 맞출 때 소금을 넣습니다. '소금' 하면 이렇게 음식에 넣는 양념 정도로 생각하지만 소금은 우리 생활 곳곳에 쓰입니다.

추운 겨울날, 눈이 쌓인 길에 소금을 뿌리기도 합니다. 물은 0도에서 얼지만 소금은 0도보다 낮은 온도가 되어야 얼기 시작합니다. 그래서 눈에 소금을 뿌리면 어는 온도가 낮아져서 눈이 녹기 시작합니다. 추운 겨울날 빨래를 할 때 물에 소금을 넣고 헹구면 밖에 널어도 빨래가 얼지 않는 것도 ㉠이 때문입니다. 바닷물도 소금이 많이 녹아 있어서 잘 얼지 않습니다.

소금은 먼지를 달라붙게 하는 성질이 있습니다. 그래서 양탄자에 굵은 소금을 뿌리고 일정 시간이 지난 뒤에 청소기로 소금을 빨아들이면 작은 먼지들이 소금에 달라붙어서 양탄자를 깨끗이 청소할 수 있습니다.

소금은 물기를 흡수하는 성질도 있습니다. 장마철에 신발장이나 옷장에 습기가 차면 곰팡이가 생기기 쉽습니다. 이때 소금을 넣어 두면 소금이 습기를 흡수하여 곰팡이가 생기는 것을 막을 수 있습니다. 이처럼 소금은 우리 생활에 다양하게 쓰입니다.

어휘 뜻

● **간** 음식의 짠 정도.

● **달라붙게** 끈기 있게 찰싹 붙게.

● **양탄자** 양털 따위의 털을 표면에 보풀이 일게 짠 두꺼운 모직물.

● **장마철** 장마가 지는 철. 우리나라에서는 대체로 6월 말부터 8월 초임.

● **습기(濕** 젖을 습, **氣** 기운 기) 물기가 많아 젖은 듯한 기운.

어휘 퀴즈 다음 뜻을 지닌 낱말을 찾아 ✔표 하세요.

❶ 빨아서 거두어들임.

☐습기 ☐흡수 ☐성질

❷ 어둡고 습기가 찰 때 음식물·옷·기구 따위에 나는 균.

☐효소 ☐유산균 ☐곰팡이

5 이 글의 중심 내용은 무엇인가요? (   )

① 소금의 맛   ② 소금의 종류

③ 소금의 성질   ④ 소금의 색깔

⑤ 소금을 만드는 방법

6 ㉠의 뜻으로 알맞은 것은 무엇인가요? (   )

① 날씨가 따뜻하기 때문입니다.

② 빨래에 때가 많기 때문입니다.

③ 빨래가 먼지를 흡수하기 때문입니다.

④ 빨래의 어는 온도가 낮아지기 때문입니다.

⑤ 빨래에 거품이 많이 남아 있기 때문입니다.

5주·2일

7 이 글의 내용으로 알맞은 것에 ○표, 알맞지 않은 것에 ✕표 하세요.

⑴ 소금은 물보다 낮은 온도에서 언다.   (   )

⑵ 신발장에 소금을 넣어 두면 습기가 많이 생긴다.   (   )

⑶ 소금은 작은 먼지를 달라붙게 하는 성질이 있다.   (   )

⑷ 바닷물이 잘 얼지 않는 까닭은 소금이 녹아 있기 때문이다.   (   )

30초 요약

8 다음 빈칸에 알맞은 말을 넣어 "소금의 놀라운 능력"의 핵심 내용을 한 문장으로 요약하세요.

소금은 물보다 어는 ☐☐ 가 낮고, ☐☐ 를 달라붙게

하고, ☐☐ 를 흡수하는 성질이 있습니다.

어린 임금님

오스카 와일드

어린 임금은 배 위에 있었어요. 어린 노예가 진주를 가져오자 선장은 임금의 왕홀에 쓸 더 좋은 진주를 가져오라며 노예를 다시 바닷속으로 밀어 넣었어요. 어린 노예는 바닷속을 들락거리다 너무 지쳐 숨이 멎고 말았어요.

다음은 어느 숲속이었어요. 사람들은 임금의 왕관에 박힐 보석을 찾다가 굶어 죽기도 하고, 병에 걸려 쓰러지기도 했어요.

"으아아악!" / 어린 임금은 비명을 지르며 잠에서 깼어요. 방금 전 꿈이 너무나 생생했어요. 어린 임금은 화려한 것만 찾았던 자신이 너무 ㅤㅤ⑤ㅤㅤ. 어린 임금은 화려한 옷과 왕관을 모두 치웠어요. 그리고 목동 시절에 입었던 누더기 옷을 입고 머리에는 찔레나무로 만든 왕관을 썼어요. 어린 임금이 대관식을 치를 성당으로 향하자 백성들이 수군거렸어요.

"저런 옷을 입다니 임금의 자격이 없어. 정말 실망이야."

임금이 성당에 들어서자 신하들도 화를 냈어요. 바로 그 순간 형형색색의 유리창으로 눈부신 햇살이 들어와 어린 임금의 옷 위로 쏟아졌어요. 그 빛을 받아 어린 임금의 누더기 옷은 세상에서 가장 아름다운 옷으로 빛나고, 찔레나무 왕관에서는 보석보다 더 아름다운 꽃이 피어났어요. 사람들은 태양처럼 빛나는 어린 임금의 모습에 감탄하며 무릎을 꿇었습니다.

어휘 뜻

- **노예** 남의 소유물이 되어 부림을 당하는 사람.
- **왕홀** 유럽의 임금이 손에 드는 장식물.
- **화려한** 환하게 빛나며 곱고 아름다운.
- **목동(牧** 칠 목, **童** 아이 동) 풀을 뜯기며 가축을 치는 아이.
- **누더기** 누덕누덕 기운 헌옷.
- **대관식** 유럽에서, 임금이 처음으로 왕관을 써서 왕위에 올랐음을 사람들에게 알리는 의식.

작품의 **전체 줄거리**

왕자로 태어났지만 가난한 목동의 손에서 자랐던 소년은 임금이 죽자 자신이 왕위를 물려받기 위해 궁궐로 돌아옴.	대관식 때 화려한 옷과 보석이 박힌 왕관을 요구했던 어린 임금은 꿈속에서 대관식 옷 때문에 고생하는 사람들을 보게 됨.	**수록지문** 어린 임금은 꿈속에서 보석을 찾다가 죽은 어린 노예와 고통 속에 죽는 사람들을 보고 화려한 겉모습을 중요시했던 자신을 반성함.	백성들과 신하들은 어린 임금의 초라한 옷차림에 실망했지만 햇살이 비치자 어린 임금의 빛나는 모습을 보고 감탄하여 무릎을 꿇음.

어휘 퀴즈 다음 뜻을 지닌 낱말을 찾아 ✔표 하세요.

❶ 남이 알아듣지 못하도록 낮은 목소리로 자꾸 가만가만 이야기하다.

   ☐실망하다   ☐수군거리다   ☐들락거리다

❷ 형상과 빛깔 따위가 서로 다른 여러 가지.

   ☐형형색색   ☐굽이굽이   ☐술렁술렁

1 어린 임금이 꿈속에서 본 모습을 두 가지 고르세요. (　,　)

① 찔레나무에 아름다운 꽃이 핀 모습

② 어린 노예가 진주를 찾다가 목숨을 잃은 모습

③ 사람들이 보석을 찾다가 병에 걸려 쓰러지는 모습

④ 신하들이 성당에 들어서는 어린 임금에게 화를 내는 모습

⑤ 백성들이 초라한 옷을 입은 어린 임금을 보고 수군거리는 모습

2 ㉠에 들어갈 알맞은 말은 무엇인가요? (　　　)

① 멋있었어요　　　　　　② 대견했어요

③ 부끄러웠어요　　　　　④ 자랑스러웠어요

⑤ 사랑스러웠어요

5주 **3**일

3 이 글에서 신하와 백성들이 깨달은 것은 무엇일까요? (　　　)

① 겉모습은 중요하지 않다.

② 나쁜 일을 하면 벌을 받는다.

③ 나보다 남을 먼저 생각해야 한다.

④ 다른 사람의 물건을 훔치면 안 된다.

⑤ 백성과 신하는 임금의 말에 귀를 기울여야 한다.

 요약

4 다음 빈칸에 알맞은 말을 넣어 "어린 임금님"의 핵심 내용을 한 문장으로 요약하세요.

어린 　　　과 백성, 　　　들은 화려한 겉모습을 중요하게 생각했던 자신들을 반성하였습니다.

톰 소여의 모험

마크 트웨인

톰과 베키는 동굴 탐험을 하던 중 이상한 계단을 발견했습니다. 톰은 계단을 따라 올라가면 뭐가 나올지 궁금하여 베키에게 계단을 따라가 보자고 했습니다. 톰과 베키는 구불구불한 샛길로 한참을 걸어갔습니다.

"톰, 무서워. 그리고 너무 멀리 온 것 같아."

베키의 말에 톰은 주위를 살펴보았습니다. 하지만 어디가 어딘지 알 수가 없었습니다. 처음 들어왔던 계단을 찾을 수 없자 베키가 울음을 터뜨렸습니다.

"베키, 울지 마. 힘을 내야 해."

톰은 주머니에서 연줄을 꺼내 바위 끝에 단단히 묶었습니다.

"연줄을 풀면서 나가자. 그럼 길을 잃어도 다시 이곳에 올 수 있어."

톰은 연줄을 풀며 앞으로 나아갔습니다. 톰이 동굴 벽을 더듬어 가던 그때, 촛불을 든 사람의 손이 바위 위로 불쑥 올라왔습니다.

'살았다!' / 그런데 두 손을 치켜들고 소리치려던 톰이 갑자기 소스라치게 놀라며 재빨리 몸을 낮추었습니다. 촛불을 든 사람이 인디언 조였기 때문입니다. 인디언 조 역시 갑자기 사람이 나타나자 깜짝 놀라 도망갔습니다.

"베키, 나만 믿어. 동굴에서 빠져나갈 자신이 있어."

톰은 연줄을 풀면서 계속 앞으로 나갔습니다. 그러자 저쪽에서 희미한 불빛이 보였습니다. 그 불빛을 따라가자 밖으로 나가는 구멍이 있었습니다.

작품의 전체 줄거리

어느 날 밤, 톰은 인디언 조가 의사를 죽이는 것을 목격했지만 인디언 조가 무서워 말을 못함.	톰은 양심의 가책을 느껴 재판에서 인디언 조가 범인임을 밝히지만 인디언 조는 도망쳐 버림.	(수록지문) 인디언 조가 자신을 해칠까 봐 두려워하던 톰은 베키와 함께 동굴에 갔다가 인디언 조를 만남.	톰은 동굴에서 나오고 인디언 조는 동굴에 갇혀 죽게 되며 나중에 톰은 인디언 조가 동굴에 둔 금화를 찾음.

어휘 뜻

- **동굴** 자연적으로 생긴 깊고 넓은 큰 굴.
- **탐험**(探 찾을 탐, 險 험할 험) 위험을 무릅쓰고 어떤 곳을 찾아가서 살펴보고 조사함.
- **구불구불한** 이리저리 구부러져 있는.
- **연줄** 연을 매어서 날리는 데 쓰는 실.

어휘 퀴즈 다음 뜻을 지닌 낱말을 찾아 ✔표 하세요.

❶ 큰길에서 갈라져 나간 작은 길.

☐ 샛길 　　☐ 밤길 　　☐ 지름길

❷ 깜짝 놀라 몸을 갑자기 떠는 듯이 움직이다.

☐ 조이다 　　☐ 따라가다 　　☐ 소스라치다

5 일이 일어난 장소는 어디인지 쓰세요.

(   )

6 톰의 성격으로 알맞지 <u>않은</u> 것은 무엇인가요? (   )

① 침착하다.
② 용감하다.
③ 영리하다.
④ 쉽게 포기한다.
⑤ 호기심이 많다.

7 다음 ㉮~㉲를 사건이 일어난 순서대로 기호를 쓰세요.

> ㉮ 톰과 베키가 동굴에서 길을 잃었다.
> ㉯ 톰이 인디언 조를 보고 재빨리 몸을 낮추었다.
> ㉰ 톰과 베키가 동굴의 계단을 올라가 샛길로 걸어갔다.
> ㉱ 톰이 불빛을 따라가다 밖으로 나가는 구멍을 발견했다.
> ㉲ 톰이 연줄을 바위 끝에 묶고 연줄을 풀며 앞으로 나아갔다.

(   ) → (   ) → (   ) → (   ) → (   )

5주 · 3일

30초 요약

8 다음 빈칸에 알맞은 말을 넣어 "톰 소여의 모험"의 핵심 내용을 한 문장으로 요약하세요.

톰은 [|] 와 [|] 속에서 길을 잃고 인디언 조를 만나

놀랐지만, [|] 을 이용하여 밖으로 나가는 구멍을 발견했습니다.

스포츠
／나라별 대표
운동

태권도

지문 분석 강의

　태권도는 아주 오랜 옛날부터 있던 우리 고유의 무술입니다. 고구려의 무덤인 무용총 벽에는 두 사람이 상대를 향해 손을 뻗으며 공격하는 자세를 하고 있는 그림이 그려져 있습니다. 그 모습이 오늘날 태권도의 동작과 비슷하여 태권도가 삼국 시대에도 있었음을 알 수 있습니다.

　태권도에서 '태'는 발로 차다, '권'은 주먹과 싸움, '도'는 이치와 규율이라는 뜻입니다. 즉 태권도는 발로 차고 주먹으로 지르는 무술이며, 나아가 몸과 마음을 다스리는 무술입니다.

　태권도에는 품새, 겨루기, 격파가 있습니다. 품새는 상대방을 상상하면서 공격과 방어의 기술을 스스로 익힐 수 있도록 정해 놓은 몸동작입니다. "태권!"이라는 기합과 함께 양 주먹을 번갈아 내지르는 동작도 품새의 기본 동작 중 하나입니다. 겨루기는 품새를 통해 익힌 공격과 방어 기술을 활용하여 상대방과 대결하는 기술입니다. 격파는 태권도의 기술을 어느 정도 익혔는지 알아보기 위한 기술입니다. 주로 주먹이나 손날, 발을 사용해 벽돌이나 기와 등을 부수며 기술의 정확성, 힘의 세기 등을 알아봅니다.

　태권도는 2000년 시드니 올림픽에서 정식 종목으로 채택되어 지금은 세계적인 운동이 되었습니다.

어휘 뜻
● **공격(攻** 칠 공, **擊** 칠 격)**하는** 나아가 적을 치는.
● **이치(理** 다스릴 이, **致** 이를 치) 사실이나 사물을 바르게 이해하고 설명할 수 있게 하는, 근본적인 진리나 원칙.
● **규율(規** 법 규, **律** 법칙 율) 질서나 제도를 유지하기 위하여 정하여 놓은, 행동의 준칙이 되는 본보기.
● **지르는** 팔다리나 막대기 따위를 내뻗치어 대상물을 힘껏 건드리는.
● **기술** 무엇을 잘 만들거나 잘 다루는 솜씨나 방법.
● **손날** 손바닥을 폈을 때, 새끼손가락 끝에서 손목에 이르는 부분.

어휘 퀴즈 다음 뜻을 지닌 낱말을 찾아 ✔표 하세요.

❶ 서로 버티어 승부를 다투다.
　☐겨루다　　☐측정하다　　☐알아보다

❷ 상대편의 공격을 막음.
　☐방어　　☐공격　　☐동작

1 이 글의 중심 낱말은 무엇인가요? (　　　)

① 무술   ② 격파   ③ 도복

④ 태권도   ⑤ 겨루기

2 다음 빈칸에 들어갈 알맞은 말을 써넣어 표를 완성하세요.

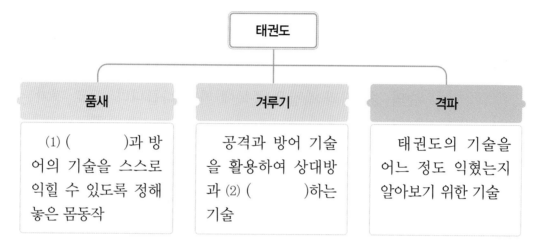

태권도

품새	겨루기	격파
(1) (　　　)과 방어의 기술을 스스로 익힐 수 있도록 정해 놓은 몸동작	공격과 방어 기술을 활용하여 상대방과 (2) (　　　)하는 기술	태권도의 기술을 어느 정도 익혔는지 알아보기 위한 기술

3 이 글의 내용으로 알맞은 것에 ○표, 알맞지 <u>않은</u> 것에 ×표 하세요.

(1) 태권도에서 '권'은 이치와 규율이라는 뜻이다.   (　　　)

(2) 태권도는 우리나라에서 최근에 생긴 운동이다.   (　　　)

(3) 태권도는 무술 단련뿐만 아니라 마음을 다스리는 운동이다.   (　　　)

(4) 태권도는 2000년 시드니 올림픽에서 정식 종목으로 채택되었다.

                                               (　　　)

 30초 요약

4 다음 빈칸에 알맞은 말을 넣어 "태권도"의 핵심 내용을 한 문장으로 요약하세요.

　는 아주 옛날부터 있던 우리 고유의

로, 태권도에는 품새, 겨루기, 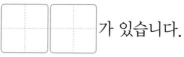가 있습니다.

우슈

우슈는 '무술'이라는 뜻으로, 중국 전통 무술 중 하나입니다. 소림사 권법이나 십팔기, 쿵후, 태극권 등 중국 무술 전체를 대표하는 말이기도 합니다.

우슈는 크게 투로와 산타로 나뉩니다. 투로는 무술을 연기하듯이 표현하는 것입니다. 마치 춤을 추듯이 몸을 부드럽게 움직이는 것이 특징입니다. 산타는 체급이 같은 선수끼리 대결하여 승부를 겨루는 것입니다.

우슈는 1990년 베이징 아시안 게임 때 정식 종목으로 채택되었습니다. 우슈의 경기장과 복장은 종목에 따라 다릅니다. 투로 경기는 길이 14미터, 너비 8미터의 융단 위에서 진행되지만, 산타 경기는 높이 80센티미터, 길이 8미터, 너비 8미터의 단 위에서 진행됩니다. 투로 경기에 나가는 선수는 모두 중국 전통 의상을 입습니다. 그러나 산타 경기에 나가는 선수는 글러브, 헤드기어 같은 보호 장비를 착용하고 맨발로 경기를 치릅니다.

어휘 뜻

- **연기(演** 펼 연, **技** 재주 기**)** 배우가 배역의 인물, 성격, 행동 따위를 표현해 내는 일.
- **체급(體** 몸 체, **級** 등급 급**)** 권투·레슬링·유도·역도 따위에서, 경기자의 체중에 따라서 매겨진 등급.
- **대결(對** 대할 대, **決** 결단할 결**)** 양자가 맞서서 우열이나 승패를 가림.
- **승부(勝** 이길 승, **負** 질 부**)** 이김과 짐.
- **종목(種** 씨 종, **目** 눈 목**)** 여러 가지 종류에 따라 나눈 항목.
- **단** 강의, 행사, 의식 따위를 행하거나 관람하기 위하여 주변보다 높게 만들어 놓은 자리.
- **헤드기어** 권투·레슬링·아이스하키 따위에서, 연습이나 시합 때 머리를 보호하기 위하여 쓰는 보호대나 헬멧.

▲ 투로

▲ 산타

어휘 퀴즈 다음 뜻을 지닌 낱말을 찾아 ✔표 하세요.

1 무기 쓰기, 주먹질, 발길질, 말달리기 따위의 무도에 관한 기술.

☐ 의술　　☐ 마술　　☐ 무술

2 정당한 격식이나 의식.

☐ 부당　　☐ 정식　　☐ 지정

5 이 글에 나오는 내용으로 알맞은 것을 모두 고르세요. (,   ,   )

① 우슈의 뜻

② 우슈를 만든 사람

③ 우슈 경기를 할 때의 복장

④ 우리나라에 우슈가 소개된 때

⑤ 우슈가 아시안 게임 정식 종목으로 채택된 때

6 산타에 대한 설명으로 알맞은 것을 찾아 ○표 하세요.

⑴ 무술을 연기하듯이 표현하는 것이다.   (   )

⑵ 춤을 추듯이 몸을 부드럽게 움직인다.   (   )

⑶ 체급이 같은 선수끼리 대결하여 승부를 겨룬다.   (   )

5주
·
4일

7 다음은 투로 경기와 산타 경기를 비교한 표입니다. 빈칸에 알맞은 말을 써넣어 표를 완성하세요.

	투로 경기	산타 경기
경기장	길이 14미터, 너비 8미터의 융단 위에서 진행됨.	높이 80센티미터, 길이 8미터, 너비 8미터의 ⑴ ( ) 위에서 진행됨.
복장	모두 ⑵ ( ) 전통 의상을 입음.	⑶ ( ) 장비를 착용하고 맨발로 경기를 치름.

30초 요약

8 다음 빈칸에 알맞은 말을 넣어 "우슈"의 핵심 내용을 한 문장으로 요약하세요.

☐☐ 는 중국 전통 무술 중 하나로 크게 투로와 ☐☐

로 나뉩니다.

지문 분석 강의

알에서 태어난 박혁거세

여섯 촌장들은 덕 있는 사람들을 찾기 위해 높은 곳에 올라가 한참 동안 여기저기를 살펴보았습니다. 바로 그때, 남쪽에 있는 우물가에 신비로운 빛이 비치고 흰말이 엎드려 절을 하는 모습이 보였습니다. 촌장들이 달려가 보니 그곳에는 커다란 알이 하나 놓여 있었습니다. 한 촌장이 알을 건드리자 알이 깨지면서 울음소리가 우렁찬 사내아이가 나왔습니다. 촌장들이 아이를 동쪽 샘으로 데리고 가서 목욕을 시키자 사내아이의 몸에서 환한 빛이 뿜어져 나오고, 온갖 새들이 몰려와 춤을 추고 하늘과 땅이 흔들렸습니다. 촌장들은 환한 빛으로 세상을 다스리라는 뜻으로 아이의 이름을 '혁거세'라고 짓고, 성은 박처럼 생긴 알에서 나왔다고 하여 '박'으로 정했습니다.

"하늘에서 임금을 보내 주셨으니 좋은 배필을 만나게 해 드려야지요."

그런데 어느 날 알영정이라는 우물가에 닭처럼 생긴 용이 나타나 입술이 닭부리처럼 생긴 여자아이를 낳았습니다. 사람들이 여자아이를 북쪽 샘에 데려가서 씻기자 부리가 떨어져 나가면서 아주 고운 얼굴이 되었습니다. 사람들은 알영정에서 태어났다 하여 여자아이를 '알영'이라고 불렀습니다.

이 두 아이가 열세 살이 되자 사람들은 박혁거세를 왕으로, 알영을 왕후로 삼았고, 박혁거세는 '서라벌'이라는 나라를 세웠습니다. 서라벌은 서벌, 사라, 사로, 계림으로도 불렸고, 한참 뒤에 신라로 바뀌었습니다.

어휘 퀴즈 다음 뜻을 지닌 낱말을 찾아 ✔표 하세요.

❶ 한 마을의 우두머리.
☐ 신하　　☐ 촌장　　☐ 원주민

❷ 부부로서의 짝.
☐ 벗　　☐ 배필　　☐ 악연

1 박혁거세의 성을 '박'으로 정한 까닭은 무엇인가요? (　　　)

① 박처럼 생겨서

② 박처럼 생긴 알에서 나와서

③ 하늘에서 정해 준 성이어서

④ 남쪽에 있는 우물가에서 태어나서

⑤ 울음소리가 박이 깨지는 것처럼 우렁차서

2 서라벌을 부르는 말이 <u>아닌</u> 것은 무엇인가요? (　　　)

① 계림　　　　　② 사로　　　　　③ 서벌

④ 사라　　　　　⑤ 사비

3 다음 ㉮~㉱를 사건이 일어난 순서대로 기호를 쓰세요.

> ㉮ 여섯 촌장들이 남쪽 우물가에서 커다란 알을 발견했다.
>
> ㉯ 사람들은 용이 알영정에서 낳은 여자아이에게 '알영'이라는 이름을 지어 주었다.
>
> ㉰ 여섯 촌장들이 박처럼 생긴 알에서 나온 사내아이에게 '박혁거세'라는 이름을 지어 주었다.
>
> ㉱ 사람들은 박혁거세를 왕, 알영을 왕후로 삼았으며, 박혁거세는 '서라벌'이라는 나라를 세웠다.

(　　　) → (　　　) → (　　　) → (　　　)

30초 요약

4 다음 빈칸에 알맞은 말을 넣어 "알에서 태어난 박혁거세"의 핵심 내용을 한 문장으로 요약하세요.

> ☐☐ 에서 태어난 박혁거세는 알영을 왕후로 삼았고, ☐☐☐
>
> ☐☐☐ 이라는 나라를 세웠습니다.

영웅 헤라클레스의 최후

독화살에 맞은 네소스가 쓰러지면서 데이아네이라에게 속삭였습니다.

"내 피 한 방울을 가져가십시오. 당신에 대한 남편의 사랑이 식었다고 느낄 때 남편의 옷에 묻히면 큰 도움이 될 것입니다."

그런데 얼마 뒤, 헤라클레스가 전쟁에 나갔다가 아름다운 소녀를 데리고 왔습니다. 소녀에게 따뜻하게 대하는 헤라클레스 때문에 질투가 난 데이아네이라는 네소스의 말이 떠올랐습니다. 헤라클레스의 사랑은 변함이 없었지만 순진한 데이아네이라는 네소스가 시키는 대로 했습니다.

데이아네이라는 아무도 모르게 네소스의 피를 옷에 묻혀 헤라클레스에게 입혀 주었습니다. 그 순간 무서운 독이 헤라클레스의 온몸에 스며들었습니다. 헤라클레스는 너무나 고통스러워 옷을 벗으려고 했지만 그럴수록 옷은 불꽃처럼 타올라 헤라클레스의 살갗을 태웠습니다.

데이아네이라는 자신의 잘못을 뼈저리게 후회하면서 바다에 몸을 던지고 말았습니다. 헤라클레스는 몸을 회복했지만 마음은 너무나 슬펐습니다.

㉠"내가 할 일은 다 끝난 것 같군. 이제 죽음을 준비할 때가 왔어."

헤라클레스는 장작더미를 쌓아 자신의 몸을 불태웠습니다. 사람들은 불에 타 죽는 헤라클레스의 모습을 지켜보며 슬퍼했습니다.

어휘 뜻

- **속삭였습니다** 남이 알아듣지 못하도록 나지막한 목소리로 가만가만 이야기하였습니다.
- **독(毒 독 독)** 건강이나 생명에 해가 되는 성분.
- **스며들었습니다** 속으로 배어들었습니다.
- **살갗** 살가죽의 겉면. 주로 사람의 것만 지칭함.
- **뼈저리게** 어떤 감정이 골수에 사무치도록 정도가 깊게.

작품의 전체 줄거리

헤라클레스가 아내 데이아네이라를 납치하려는 네소스에게 독화살을 쏘아 아내를 구함.

수록지문 데이아네이라가 네소스의 피를 묻힌 옷을 헤라클레스에게 입히자 헤라클레스의 온몸에 독이 퍼짐.

잘못을 후회한 데이아네이라는 바다에 몸을 던지고 슬픔에 빠진 헤라클레스는 스스로 불에 타 죽음.

헤라클레스가 불에 타고 남은 잿더미 속에서 젊은 헤라클레스가 새로 태어나 마차를 타고 하늘로 올라감.

어휘 퀴즈 다음 뜻을 지닌 낱말을 찾아 ✔표 하세요.

❶ 마음이 꾸밈이 없고 순박하다.

☐순진하다 ☐가냘프다 ☐애처롭다

❷ 사랑하는 사람이 다른 사람을 좋아할 경우에 지나치게 시기함.

☐평화 ☐행복 ☐질투

5 이 글에 나오지 <u>않는</u> 장면은 무엇인가요? (   )

① 독화살에 맞은 네소스가 쓰러지는 장면

② 헤라클레스와 데이아네이라가 화해하는 장면

③ 데이아네이라가 옷에 네소스의 피를 묻히는 장면

④ 헤라클레스가 피가 묻은 옷을 입고 고통스러워하는 장면

⑤ 데이아네이라가 잘못을 후회하며 바다에 몸을 던지는 장면

6 데이아네이라의 성격으로 알맞은 것을 두 가지 고르세요. (,   )

① 질투심이 많다.

② 아는 것이 많고 지혜롭다.

③ 거짓말로 남을 잘 속인다.

④ 다른 사람의 말을 잘 믿는다.

⑤ 일하기를 싫어하고 게으르다.

5주
·
5일

7 ㉠을 실감 나게 읽을 때 어울리는 목소리는 무엇인가요? (   )

① 깜짝 놀란 목소리   ② 다급하고 큰 목소리

③ 힘없고 슬픈 목소리   ④ 즐겁고 신나는 목소리

⑤ 다정하고 상냥한 목소리

30초 요약

8 다음 빈칸에 알맞은 말을 넣어 "영웅 헤라클레스의 최후"의 핵심 내용을 한 문장으로 요약하세요.

헤라클레스가 피가 묻은 [ ] 을 입고 고통스러워하자 데이아네이라는

[   ] 에 몸을 던졌고, 헤라클레스도 자신의 몸을 불태웠습니다.

1 다음 ( ) 안에 공통으로 들어갈 낱말을 완성하세요.

(1)
① 운동화가 ( )에 꼭 맞는다.
(뜻) 사람이나 동물의 다리 맨 끝부분.

② 여름에는 문에 ( )을 늘어뜨리고 지낸다.
(뜻) 가늘고 긴 대를 줄로 엮거나, 줄 따위를 여러 개 나란히 늘어뜨려 만든 물건.

바

(2)
① 공책에 자를 대고 ( )을 똑바로 그었다.
(뜻) 그어 놓은 금이나 줄.

② 이 세상에는 ( )과 악이 존재한다.
(뜻) 올바르고 착하여 도덕적 기준에 맞음. 또는 그런 것.

서

(3)
① 동물들이 ( )에서 물을 먹는다.
(뜻) 물이 땅에서 솟아 나오는 곳. 또는 그 물.

② 나는 선물을 받은 언니를 보고 ( )이 났다.
(뜻) 남의 처지나 물건을 탐내거나, 자기보다 나은 처지에 있는 사람이나 적수를 미워함.

새

2 다음 문장을 잘 읽어 보고 두 개 중 맞춤법에 맞는 낱말을 찾아 ○표 하세요.

(1) 나는 방을 [깨끗이 / 깨끗히] 청소했다.

(2) 소금으로 음식의 간을 [맞추다 / 맞히다].

(3) 우리는 발로 [제기 / 재기]를 차며 놀았다.

(4) 큰길을 빠져나와 [셋길 / 샛길]로 들어섰다.

(5) 아이들이 재미있는 이야기를 [수군거리며 / 수근거리며] 웃고 있었다.

(6) 겨울에 물에 소금을 넣고 [행구면 / 헹구면] 밖에 널어도 빨래가 얼지 않는다.

3 다음 그림과 설명을 보고, 밑줄 친 곳에 들어갈 낱말을 •보기•에서 찾아 쓰세요.

┌─ •보기• ──────────────────────────────┐
│ 　틈새　　피곤　　감탄　　비명　　눈금　　비웃음 │
└──────────────────────────────────────┘

(1) 하루종일 뛰어다녀서 몹시 _____하다.

(2) 나는 창문 _____로 밖을 내다보았다.

(3) 동생이 벌레를 보고 _____을 질렀다.

5주
·
5일

4 다음 밑줄 친 낱말의 반대말을 완성하세요.

(1)
┌ 수업 준비물을 가방 <u>안</u>에 넣었다.
└ ㅂ 에 나가니 날씨가 너무 추웠다.

(2)
┌ 우리나라가 축구 결승전에서 일본을 <u>이겼다</u>.
└ 나는 달리기 경주에서 친구에게 ㅈ ㄷ .

(3)
┌ 버스에 자리가 없어서 한 시간 동안 <u>서서</u> 왔다.
└ 새들이 나뭇가지에 ㅇ ㅇ ㅅ 지저귀고 있었다.

6주

나라가 기울기 전에는
저기서 잘 놀았었지.

1일
사회

영역

사회
역사 속으로

과학
에너지

문학
우리 옛이야기

인물
방정환·
라이트 형제

문학
독서 감상문

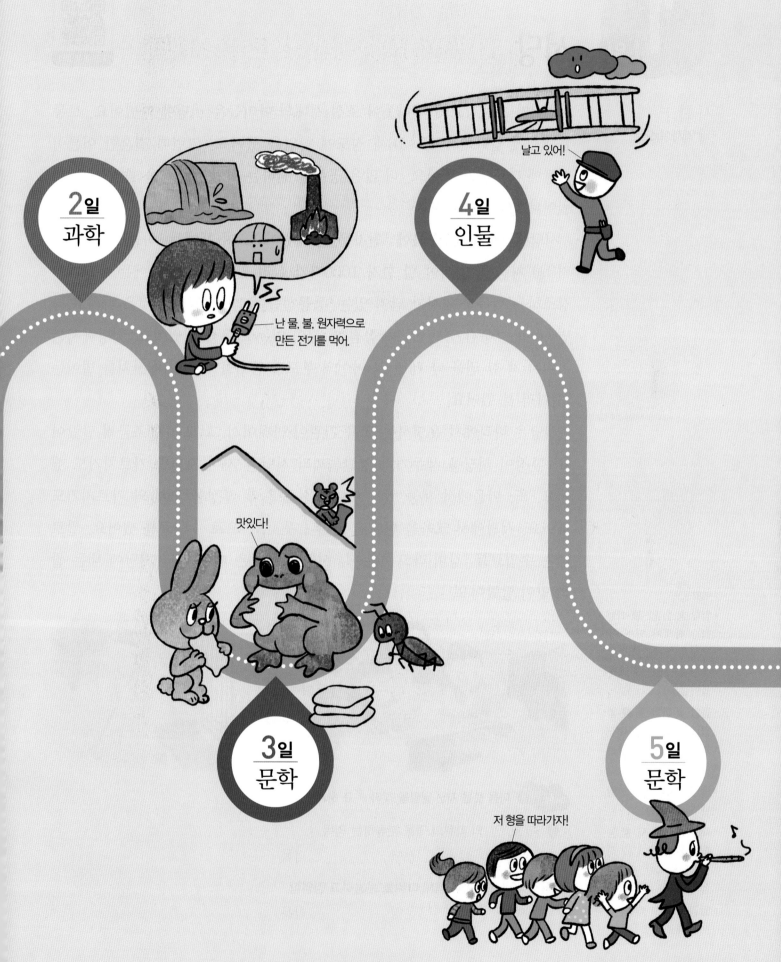

사회
/ **역사 속으로**

지문 분석 강의

서당

우리가 초등학교에 다니듯이 조선 시대의 아이들은 서당에 다녔어요. 보통 7~8세에 입학해서 15~16세 정도에 졸업을 했어요. 그런데 결혼한 어른이 서당에 다니기도 했어요. 더 많은 공부를 원하는 사람은 서당을 졸업한 뒤 서원이나 향교로 갔지요.

서당에 입학하면 처음에 『천자문』을 배웠어요. 이 책에는 '하늘 천(天), 땅 지(地)'처럼 꼭 알아야 할 한자 1000자가 실려 있어요. 그다음에는 유교에서 강조하는 덕목과 역사가 담겨 있는 『동몽선습』을 배웠어요. 이것을 마치고 나면 『소학』, 『통감』, 『논어』 등 점점 더 깊이 있는 학문을 배웠어요. 서당에서는 아이가 책 한 권을 다 떼면 그 아이의 부모가 음식을 마련하여 잔치를 벌이는 '책거리'를 했어요.

서당은 나라에서 운영하는 교육 기관이 아니어서 그 모습이 조금씩 달랐어요. 훈장이 서당을 세우거나 양반들끼리 서당을 지어 자녀를 가르치기도 했어요. 또, 마을에서 재능 있는 아이들을 뽑은 후 훈장을 모셔 와 가르치기도 했어요. 서당에서 교육을 받으면 쌀이나 옷, 땔감으로 수업료를 냈어요. 쌀로 내는 수업료를 '강미'라고 하는데, 서당에 들어온 때에 따라 서당에 내는 쌀의 양이 달랐어요.

어휘 뜻

● **입학(入** 들 입, **學** 배울 학) 학생이 되어 공부하기 위해 학교에 들어감. 또는 학교를 들어감.

● **졸업(卒** 마칠 졸, **業** 업 업) 학교에서 정해진 과정을 모두 마치는 것.

● **떼면** 배우던 것을 끝내면.

● **재능(才** 재주 재, **能** 능할 능) 어떤 일을 하는 데 필요한 재주와 능력.

● **땔감** 불을 때는 데 쓰는 재료.

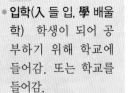 **어휘 퀴즈** 다음 뜻을 지닌 낱말을 찾아 ✔표 하세요.

❶ 충, 효, 인, 의 따위의 덕을 분류하는 명목.

　□훈장　　　□논어　　　□덕목

❷ 조직이나 기구, 사업체 따위를 운용하고 경영함.

　□서원　　　□운영　　　□학문

1 서당에 입학하여 처음 배우는 것은 무엇인가요? (   )

① 『소학』   ② 『통감』

③ 『논어』   ④ 『천자문』

⑤ 『동몽선습』

2 서당에서는 언제 책거리를 하였나요? (   )

① 서당에 입학할 때

② 서당을 졸업할 때

③ 시험을 잘 보았을 때

④ 책 한 권을 다 떼었을 때

⑤ 훈장의 생신날이 되었을 때

3 이 글의 내용을 잘못 이해한 친구는 누구인가요? (   )

① 수지: 결혼한 어른이 서당에 다니기도 했어.

② 태민: 서당에서는 한자, 역사, 유교의 덕목 등을 배웠어.

③ 재형: 양반들이 자녀를 가르치려고 서당을 짓기도 했어.

④ 동현: 서당은 나라에서 운영하는 곳이어서 수업료를 쌀로 받았어.

⑤ 지아: 서당은 보통 7~8세에 입학해서 15~16세 정도에 졸업을 했어.

6주 · 1일

30초 요약

4 다음 빈칸에 알맞은 말을 넣어 "서당"의 핵심 내용을 한 문장으로 요약하세요.

☐☐ 시대의 아이들은 ☐☐ 에서 한자, 역사, 유교의 덕목 등을 배웠습니다.

로마 제국

텔레비전이나 영화에서 로마 제국의 모습을 본 적이 있나요? 로마는 오늘날 이탈리아 테베레강 지역에 세워진 작은 국가였어요. 오랫동안 전쟁을 치르며 다른 나라를 정복했고, 기원전 264년에는 이탈리아 전체를 손에 넣었어요. 로마 제국은 넓은 땅을 빠르게 이동하기 위해 끊임없이 도로와 다리를 건설했고, 시민들을 위한 공중화장실도 만들었어요. 공중화장실에는 지금처럼 하수도와 배수구까지 설치하여 매우 깨끗했어요.

로마 시민들은 아침 일찍 일을 시작해서 정오쯤이면 일을 마쳤고, 일 년에 100일 정도를 쉬었어요. 로마 시민들은 일을 하지 않을 때는 극장에서 다양한 연극을 보았고, 공중목욕탕에서 목욕을 하거나 친구들과 이야기를 나누며 느긋한 시간을 보냈어요. 로마의 집에는 대부분 목욕탕이 없었기 때문에 사람들은 공중목욕탕을 이용했어요. 경기장에서는 검투사들이 싸우는 모습이나 전차 경주를 구경했어요.

하지만 영원히 강할 것만 같던 로마도 4세기 무렵 어려움에 처했어요. 질병과 흉년, 외적의 침입 등으로 점점 국력이 약해져 395년에 동로마 제국과 서로마 제국으로 나뉘었어요. 그리고 서로마 제국은 476년에, 동로마 제국은 1453년에 결국 멸망했어요.

어휘 뜻

- **하수도** 빗물이나 집, 공장, 병원 따위에서 쓰고 버리는 더러운 물이 흘러가도록 만든 설비.
- **배수구** 물을 빼내거나 물이 빠져나가는 곳.
- **검투사** 전문적으로 칼을 가지고 서로 맞붙어 싸우는 사람.
- **흉년** 농사가 잘되지 않은 해.
- **침입(侵 침노할 침. 入 들 입)** 침범하여 들어가거나 들어옴.
- **멸망** 망하여 없어짐.

어휘 퀴즈 다음 뜻을 지닌 낱말을 찾아 ✔표 하세요.

1 남의 나라나 이민족 따위를 정벌하여 복종시킴.

☐ 영토   ☐ 정복   ☐ 항복

2 마음에 흡족하여 여유가 있고 넉넉하다.

☐ 빠르다   ☐ 급하다   ☐ 느긋하다

5 로마 제국이 넓은 땅을 빠르게 이동하기 위해 만든 것을 두 가지 고르세요.

(,   )

① 극장   ② 도로   ③ 다리

④ 하수도   ⑤ 배수구

6 로마 제국의 대한 설명으로 알맞으면 ○표, 알맞지 <u>않으면</u> ×표 하세요.

(1) 시민들은 공중목욕탕에서 목욕을 했다. (   )

(2) 집집마다 목욕탕 시설이 잘 갖추어져 있었다. (   )

(3) 시민들은 쉬는 날 없이 일 년 내내 일을 해야 했다. (   )

(4) 하수도와 배수구를 갖춘 깨끗한 공중화장실이 있었다. (   )

(5) 검투사 경기나 전차 경주는 귀족들만 구경할 수 있었다. (   )

7 로마 제국의 역사를 시간 순서대로 기호를 쓰세요.

> ㉮ 동로마 제국이 멸망했다.
> ㉯ 서로마 제국이 멸망했다.
> ㉰ 이탈리아 테베레강 지역에 나라를 세웠다.
> ㉱ 동로마 제국과 서로마 제국으로 나뉘었다.
> ㉲ 다른 나라를 정복하여 이탈리아 전체를 손에 넣었다.

(   ) → (   ) → (   ) → (   ) → (   )

6주·1일

30초 요약

8 다음 빈칸에 알맞은 말을 넣어 "로마 제국"의 핵심 내용을 한 문장으로 요약하세요.

이탈리아에 세워진 ☐☐☐☐ 은 강해졌다가 4세기 무렵 어려움에 처했고 결국 ☐☐ 했습니다.

지문 분석 강의

전기를 만드는 방법

가전제품뿐만 아니라 지하철, 공장의 기계 등을 움직이게 하는 전기는 어떻게 만들까요? 우리나라는 주로 수력 발전, 화력 발전, 원자력 발전 등의 방법으로 전기를 만듭니다.

수력 발전은 물을 이용한 것입니다. 댐에서 떨어지는 물의 힘을 이용하여 발전기를 돌려서 전기를 만들어 냅니다. 수력 발전은 오염 물질을 발생시키지 않지만 댐을 짓는 데 비용이 많이 들고 시간도 오래 걸립니다.

화력 발전은 석탄이나 석유를 이용한 것입니다. 석탄이나 석유를 때어 물을 끓이면 수증기가 만들어지고, 좁은 관에 가득 찬 수증기가 힘차게 밀려 나가면서 발전기를 돌려 전기를 만들어 냅니다. 화력 발전은 발전소를 짓는 비용이 적고 짧은 기간에 지을 수 있지만 오염 물질을 많이 발생시킵니다.

원자력 발전은 우라늄을 이용한 것입니다. 우라늄 핵이 쪼개질 때 나오는 열로 만든 증기로 발전기를 돌려 전기를 만들어 냅니다. 원자력 발전은 적은 양의 우라늄으로 막대한 양의 전기를 생산하고, 전기를 만드는 비용도 화력 발전보다 훨씬 적게 듭니다. 그러나 방사능이 유출될 경우 수많은 사람이 목숨을 잃을 위험이 있습니다.

어휘 뜻

- **오염** 더럽게 물듦. 또는 더럽게 물들게 함.
- **비용**(費 쓸 비, 用 쓸 용) 어떤 일을 하는 데 드는 돈.
- **방사능** 라듐, 우라늄 등의 특수 물질이 내뿜는 강력한 힘.

어휘 퀴즈 다음 뜻을 지닌 낱말을 찾아 ✔표 하세요.

❶ 전기를 일으킴.

☐ 절전　　　　☐ 발전　　　　☐ 원자력

❷ 밖으로 흘러 나가거나 흘려 내보냄.

☐ 가출　　　　☐ 수입　　　　☐ 유출

1 이 글을 쓴 목적은 무엇인가요? (   )

① 전기를 아껴 쓰자고 주장하기 위해서
② 풍력 발전의 위험성을 알리기 위해서
③ 전기를 만드는 방법을 알려 주기 위해서
④ 석탄과 석유의 사용을 줄이자고 주장하기 위해서
⑤ 전기를 사용하는 제품의 종류를 알려 주기 위해서

2 다음 빈칸에 알맞은 말을 써넣어 표를 완성하세요.

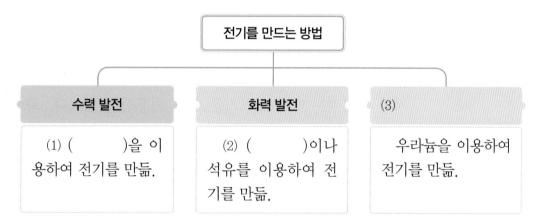

전기를 만드는 방법

수력 발전	화력 발전	(3)
(1) ( )을 이용하여 전기를 만듦.	(2) ( )이나 석유를 이용하여 전기를 만듦.	우라늄을 이용하여 전기를 만듦.

3 수력 발전, 화력 발전, 원자력 발전 중에서 오염 물질이나 위험 물질을 발생시키지 않는 것은 무엇인지 쓰세요.

(   )

6주 · 2일

⏱**30초 요약**

4 다음 빈칸에 알맞은 말을 넣어 "전기를 만드는 방법"의 핵심 내용을 한 문장으로 요약하세요.

☐☐ 발전은 물을 이용해서, ☐☐ 발전은 석탄이나 석유를 이용해서, 원자력 발전은 우라늄을 이용해서 ☐☐를 만듭니다.

재생 에너지

  석유와 석탄 같은 연료가 점점 줄어들고 지구 온난화 문제가 심각해지면서 재생 에너지를 사용하려는 움직임이 활발해지고 있습니다. 재생 에너지란 계속 써도 다시 얻을 수 있고 환경을 오염시키지 않는 에너지를 말하며, 풍력 에너지, 태양열 에너지, 지열 에너지, 바이오 에너지 등이 있습니다.

  풍력 에너지는 바람의 힘으로 발전기와 연결된 날개를 돌려 만듭니다. 발전기의 날개가 길어지면 생산되는 전기의 양도 늘어납니다.

  태양열 에너지는 푸른색 유리처럼 생긴 판에 태양의 뜨거운 열을 모아 만듭니다. 요즘은 옥상이나 아파트 베란다에 태양열 판을 설치하여 난방을 하거나 물을 데우는 집이 늘어나고 있습니다.

  지열 에너지는 땅속의 뜨거운 열을 이용한 것입니다. 화산이 많은 곳은 땅속에 마그마가 있어서 땅속으로 깊이 내려갈수록 온도가 높아지는데 이 열을 이용하여 전기를 만듭니다.

  바이오 에너지는 동물과 식물을 재료로 하여 만듭니다. 동물의 배설물, 나무의 잎과 줄기 등을 바이오 에너지의 재료로 사용할 수 있습니다. 이런 것들이 썩으면 나오는 가스로 에너지를 만듭니다.

▲ 태양열 에너지를 모으는 판

어휘 뜻
• **지구 온난화** 지구의 기온이 높아지는 현상.
• **난방** 실내의 온도를 높여 따뜻하게 하는 일.
• **배설물** 몸 밖으로 내보내는 똥이나 오줌 같은 물질.

어휘 퀴즈 다음 뜻을 지닌 낱말을 찾아 ✔표 하세요.

❶ 열, 빛, 동력 등을 얻기 위해 태우는 물질.
　☐지열　　　☐동료　　　☐연료

❷ 낡거나 못 쓰게 된 물건을 가공하여 다시 쓰게 함.
　☐재생　　　☐폐기　　　☐파기

5 다음 에너지의 공통점을 두 가지 고르세요. (　　,　　)

> 풍력 에너지, 태양열 에너지, 지열 에너지, 바이오 에너지

① 환경을 오염시키지 않는다.
② 지구 온난화 문제를 일으킨다.
③ 계속 써도 다시 얻을 수 있다.
④ 몸에 해로운 물질이 많이 발생한다.
⑤ 날씨나 자연환경의 영향을 받지 않는다

6 다음은 어떤 재생 에너지에 대한 설명인지 쓰세요.

> 이 에너지는 바람이 많이 부는 바닷가나 높은 산에서 생산된다.

(　　　　　　　　　)

6주
·
2일

7 태양열 에너지를 생산하기에 좋은 때는 언제일까요? (　　　)

① 흐린 날　　　　② 맑은 날　　　　③ 비 오는 날
④ 눈 오는 날　　　⑤ 안개가 낀 날

30초 요약

8 다음 빈칸에 알맞은 말을 넣어 "재생 에너지"의 핵심 내용을 한 문장으로 요약 하세요.

풍력 에너지, 태양열 에너지, 지열 에너지, 바이오 에너지 같은 ☐☐

☐☐ 에너지는 계속 얻을 수 있고 ☐☐ 을 오염시키지 않습니다.

떡시루 잡기

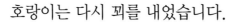

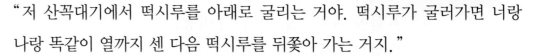

호랑이는 다시 꾀를 내었습니다.

"두꺼비야, 우리 떡시루 잡기 내기를 하자."

"어떻게 하는 건데?"

"저 산꼭대기에서 떡시루를 아래로 굴리는 거야. 떡시루가 굴러가면 너랑 나랑 똑같이 열까지 센 다음 떡시루를 뒤쫓아 가는 거지."

"그다음에는?"

"떡시루를 뒤쫓아 가서 먼저 잡는 쪽이 그 떡을 다 먹는 거야."

호랑이는 자기가 두꺼비보다 빠르니까 내기에서 이길 것이라고 생각했어요.

다음 날, 산속의 동물들이 호랑이와 두꺼비의 내기를 구경하려고 모였습니다. 호랑이와 두꺼비는 산꼭대기에서 떡시루를 힘껏 굴렸어요.

"이제 열까지 세면 출발이다. 하나, 둘…… 아홉."

호랑이는 열을 채 세기도 전에 앞으로 달려 나갔어요. 그런데 떡시루가 산 아래로 굴러가는 동안 떡시루 안에 있던 떡이 모두 밖으로 떨어져 나왔지요. 호랑이는 그것도 모르고 떡시루를 쫓아 계속 달려갔어요.

"하하하, 멀리도 가는구나. 이제 천천히 이 떡이나 먹어 볼까?"

두꺼비는 떨어진 떡을 주워 친구들과 나누어 먹었어요.

작품의 전체 줄거리

어느 봄날, 호랑이와 두꺼비는 떡을 해 먹기 위해 똑같이 쌀을 가져와서 팥고물을 듬뿍 묻힌 맛있는 팥떡을 함께 만듦.	(수록지문) 호랑이는 팥떡을 혼자 다 먹고 싶어서 두꺼비에게 내기를 제안하였고, 내기를 위해 산꼭대기에서 떡시루를 굴림.	두꺼비는 굴러가던 떡시루에서 떨어진 떡을 주워 동물들과 나누어 먹고, 호랑이는 그것도 모르고 달려가 빈 떡시루를 잡음.	화가 난 호랑이가 빈 떡시루를 두꺼비의 등에 엎어 버렸고, 떡시루에 남아 있던 팥고물이 두꺼비의 등에 박혀 울퉁불퉁해짐.

어휘 뜻

- **떡시루** 떡을 찌는 데 쓰는 둥근 질그릇.
- **내기** 금품을 거는 등 일정한 약속 아래에서 승부를 다툼.
- **채** 어떤 상태나 동작이 다 되거나 이루어졌다고 할 만한 정도에 아직 이르지 못한 상태를 이르는 말.

어휘 퀴즈 다음 뜻을 지닌 낱말을 찾아 ✔표 하세요.

❶ 일을 잘 꾸며 내거나 해결해 내거나 하는, 묘한 생각이나 수단.

☐ 꾀 ☐ 힘 ☐ 바람

❷ 뒤를 따라 쫓다.

☐ 멈추다 ☐ 뒤쫓다 ☐ 달려가다

1 호랑이에 대한 설명으로 알맞은 것은 무엇인가요? (　　　)

① 어리석다.　　　　　　② 용감하다.

③ 겁이 많다.　　　　　　④ 욕심이 없다.

⑤ 친구들을 잘 보살핀다.

2 '떡시루 잡기 내기'를 하는 순서에 맞게 기호를 쓰세요.

> ㉮ 똑같이 열까지 센다.
>
> ㉯ 떡시루를 뒤쫓아 간다.
>
> ㉰ 산꼭대기에서 떡시루를 아래로 굴린다.
>
> ㉱ 떡시루를 먼저 잡는 쪽이 떡을 다 먹는다.

(　　　) → (　　　) → (　　　) → (　　　)

3 이 글 뒤에 이어질 내용으로 가장 알맞은 것은 무엇인가요? (　　　)

① 두꺼비는 배가 많이 고팠다.

② 호랑이는 떡을 배불리 먹었다.

③ 떡시루 안에 두꺼비가 들어 있었다.

④ 떡시루에 떡이 하나도 남아 있지 않았다.

⑤ 호랑이는 떡을 친구들에게 나누어 주었다.

 요약

4 다음 빈칸에 알맞은 말을 넣어 "떡시루 잡기"의 핵심 내용을 한 문장으로 요약하세요.

> 떡시루 잡기 내기를 하던 호랑이는 떡이 모두 떨어진 것도 모르고 □□
>
> 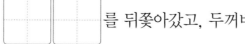 를 뒤쫓아갔고, 두꺼비는 떡을 친구들과 나눠 먹었습니다.

며느리 방귀는 못 말려

드디어 며느리는 참았던 방귀를 뀌기 시작했어.

며느리가 방귀를 뀌자 집 안이 온통 난리가 났어. 문고리를 잡고 있던 시아버지가 마당으로 나가떨어졌지. 솥뚜껑을 잡고 있던 시어머니는 하늘로 솟았다가 뚝 떨어졌어. 신랑은 기둥을 잡고 뱅글뱅글 돌지 뭐야.

방귀를 뀌고 나자 누렇던 며느리의 얼굴이 다시 예전처럼 고와졌어. 하지만 놀란 식구들은 얼굴이 새파랗게 질렸어.

"아가, 너와는 같이 못 살 것 같구나. 어서 친정으로 돌아가거라."

며느리는 너무 슬펐지만 어쩔 수 없이 시아버지를 따라 친정으로 발걸음을 옮겼지. 두 사람이 산모퉁이에 다다랐을 때였어. ／ "참 맛있게도 생겼네."

배가 고프던 터라 시아버지는 빨갛게 익은 감을 보며 침을 삼켰지.

"아버님, 제가 따 드릴 테니 저쪽에 가 계세요."

시아버지가 멀찌감치 피하자, 며느리는 감나무를 향해 방귀를 뀌었어. 천둥 같은 방귀 소리가 하늘 위로 울려 퍼지자 대롱대롱 매달려 있던 감들이 우르르 떨어졌어. 시아버지는 며느리가 따 준 감을 맛있게 먹었어.

"아가야, 네 방귀도 쓸모가 있구나! 다시 돌아가자."

시아버지와 방귀쟁이 며느리는 집으로 돌아오게 되었어. 그리고 방귀쟁이 며느리는 시부모님을 모시고 신랑과 함께 오순도순 행복하게 살았단다.

작품의 전체 줄거리

갓 시집온 며느리는 방귀를 뀌지 못해 고왔던 얼굴이 하루가 다르게 누렇게 변하고 몸도 야위어 감.	(수록지문) 시어머니는 며느리에게 방귀를 뀌라고 허락하고, 며느리가 방귀를 뀌자 집 안이 난리가 남.	요란한 방귀 때문에 집에서 쫓겨난 며느리는 친정으로 가던 중 방귀를 이용해 시아버지에게 감을 따 줌.	며느리의 방귀도 쓸모가 있다는 것을 알게 된 시아버지 덕분에 며느리는 다시 집으로 돌아옴.

어휘 퀴즈 다음 뜻을 지닌 낱말을 찾아 ✔표 하세요.

❶ 작은 것이 잇따라 매끄럽게 도는 모양.

☐ 방긋방긋　　☐ 방글방글　　☐ 뱅글뱅글

❷ 쓸 만한 가치.

☐ 무용　　☐ 쓸모　　☐ 난리

5 일이 일어난 장소가 어떻게 바뀌었나요? (   )

① 집 → 친정 → 집   ② 집 → 산모퉁이 → 집

③ 집 → 친정 → 산모퉁이   ④ 친정 → 집 → 산모퉁이

⑤ 산모퉁이 → 친정 → 집

6 며느리가 방귀를 뀌자 일어난 일이 <u>아닌</u> 것은 무엇인가요? (   )

① 감들이 우르르 떨어졌다.

② 며느리의 얼굴이 누렇게 변했다.

③ 신랑이 기둥을 잡고 뱅글뱅글 돌았다.

④ 문고리를 잡고 있던 시아버지가 마당으로 나가떨어졌다.

⑤ 솥뚜껑을 잡고 있던 시어머니가 하늘로 솟았다가 뚝 떨어졌다.

7 이 글에서 얻을 수 있는 교훈은 무엇인가요? (   )

① 거짓말을 하면 안 된다.

② 단점도 장점이 될 수 있다.

③ 좋은 친구를 사귀어야 한다.

④ 다른 사람을 괴롭히면 안 된다.

⑤ 게으름을 피우지 말고 부지런히 일해야 한다.

6주 · 3일

🕐 30초 요약

8 다음 빈칸에 알맞은 말을 넣어 "며느리 방귀는 못 말려"의 핵심 내용을 한 문장으로 요약하세요.

며느리는 [ ][ ] 때문에 쫓겨났지만, 시아버지가 며느리의 방귀도 [ ][ ] 있다는 것을 알게 되어 며느리와 다시 집으로 돌아왔습니다.

어린이들의 등대 방정환

하루는 방정환의 집에 친구들이 모였습니다.

"어린이를 위해 좋은 일을 할 단체를 만들자. '색동회'라고 하면 어떨까?"

친구들은 모두 고개를 끄덕였습니다.

"지금 우리 어린이들은 나라를 잃고 너무 가난해서 제대로 먹지도 입지도 못하고 있어. 난 어린이들에게 꿈과 자신감을 심어 주고 싶어."

방정환의 두 눈은 희망으로 빛났습니다. 방정환과 색동회 사람들은 5월 1일을 어린이날로 정하고 어린이날 행사를 열었습니다. 음악회도 열고 아이들이 좋아하는 동화도 들려주었습니다. 또, 어른들처럼 하루 종일 일해야 하는 어린이들을 위해서 그네뛰기, 씨름 같은 재미있는 놀이도 하였습니다. 어린이들이 좋아하는 모습을 보면서 색동회 사람들도 큰 보람을 느꼈습니다.

방정환은 '아동 미술 박람회'도 열었습니다. 어린이들의 그림에는 어린이들의 꿈과 희망, 그리고 나라를 다시 찾겠다는 뜻이 강하게 담겨 있었습니다. 방정환은 그림들을 골라서 '국제 아동 미술 박람회'에 보내기도 하였습니다.

이렇게 방정환은 어린이를 위해 한평생 일하다가 병을 얻어 서른세 살의 젊은 나이로 세상을 떠났습니다. 지금도 방정환은 어린이들의 꿈과 희망을 밝혀 주는 등대로 기억되고 있습니다.

어휘 퀴즈 다음 뜻을 지닌 낱말을 찾아 ✔표 하세요.

❶ 나이가 적은 아이.

☐신사 ☐어른 ☐아동

❷ 여러 나라가 모여서 이루거나 함.

☐국가 ☐국기 ☐국제

1 방정환이 한 일이 <u>아닌</u> 것은 무엇인가요? (   )

① 색동회를 만들었다.

② 어린이날을 만들었다.

③ 아동 미술 박람회를 열었다.

④ 어린이를 위해 한평생 일했다.

⑤ 국제 아동 미술 박람회에 보낼 그림을 그렸다.

2 방정환이 살았던 시대에 어린이들의 모습으로 알맞은 것을 두 가지 고르세요.

(,   )

① 돈을 벌어 부자가 되었다.

② 제대로 먹지도 입지도 못했다.

③ 모두 귀한 대접을 받으며 자랐다.

④ 어른처럼 하루 종일 일하는 어린이도 있었다.

⑤ 일본에서 옷과 먹을거리를 풍족하게 제공받았다.

3 방정환의 성격으로 알맞은 것은 무엇인가요? (   )

① 의지가 약하다.   ② 쉽게 화를 낸다.

③ 어린이를 무시한다.   ④ 어린이를 아끼고 사랑한다.

⑤ 다른 사람의 눈치를 잘 본다.

30초 요약

4 다음 빈칸에 알맞은 말을 넣어 "어린이들의 등대 방정환"의 핵심 내용을 한 문장으로 요약하세요.

방정환은 색동회, ⬜⬜⬜⬜ 등을 만들었고 어린이에

게 ⬜⬜과 ⬜⬜⬜을 밝혀 주는 등대로 기억되고 있습니다.

라이트 형제의 비행기

"형, 이제 돈도 많이 벌었으니 우리의 꿈인 하늘을 나는 차를 만들어 보자."

라이트 형제는 어릴 적 꿈을 위해 자전거 가게를 그만두고 하늘을 나는 차를 만드는 것에 몰두했습니다. 먼저 박쥐 모양의 연을 만들어 많은 실험을 거친 끝에 날개와 바람의 방향이 잘 맞아야 연이 잘 뜬다는 것을 알았습니다.

라이트 형제는 커다란 글라이더를 만들어 언덕으로 올라갔습니다. 바닷바람과 날개의 방향을 맞춰 오빌은 앞에서 글라이더를 끌고 윌버는 뒤에서 밀었습니다. 글라이더가 살짝 뜨자 윌버가 글라이더에 올라탔습니다.

"날았다, 날았어! 우리가 글라이더를 타고 날았어!"

라이트 형제의 첫 번째 비행은 성공이었습니다. 라이트 형제는 더 큰 글라이더를 만들었습니다. 방향을 바꾸는 장치도 달고 여러 번 실험을 한 뒤에 글라이더는 190미터까지 날았지만, 글라이더가 바람을 받아서 날 때까지 사람이 끌어 주어야 했습니다. 라이트 형제는 궁리 끝에 엔진과 프로펠러를 만들어 달았습니다. 그리고 1903년 12월 17일에 동생 오빌이 비행기를 타고 엔진을 작동시켰습니다.

㉠"야! 떴다, 떴어!"

비행기는 12초 동안 36미터를 날았습니다. 세계 최초의 동력 비행기가 하늘을 나는 순간이었습니다.

어휘 뜻

- **방향**(方 모 방, 向 향할 향) 무엇이 나아가거나 향하는 쪽.
- **글라이더** 비행기처럼 날개가 있지만, 바람으로 비행하는 항공기.
- **장치** 어떤 목적에 따라 기능하도록 만든 기계, 도구.
- **작동** 기계 따위가 작용을 받아 움직임. 또는 기계 따위를 움직이게 함.
- **동력** 전기 또는 자연에 있는 에너지를 쓰기 위하여 기계적인 에너지로 바꾼 것.

어휘 퀴즈 다음 뜻을 지닌 낱말을 찾아 ✔표 하세요.

❶ 어떤 일에 온 정신을 다 기울여 열중함.

　□방황　　　□인정　　　□몰두

❷ 마음속으로 이리저리 따져 깊이 생각함.

　□궁리　　　□판청　　　□조종

5 라이트 형제가 자전거 가게를 그만둔 까닭은 무엇인가요? ( )

① 몸이 아파서

② 돈이 부족해서

③ 장사가 잘 안되어서

④ 새로운 가게를 차리고 싶어서

⑤ 하늘을 나는 차를 만들고 싶어서

6 라이트 형제가 비행기를 연구한 순서에 맞게 기호를 쓰세요.

> ㉮ 박쥐 모양의 연을 만들었다.
>
> ㉯ 비행기에 엔진과 프로펠러를 달았다.
>
> ㉰ 글라이더에 방향을 바꾸는 장치를 달았다.

( ) → ( ) → ( )

7 ㉠과 같은 말을 할 때 라이트 형제의 마음은 어떠하였을까요? ( )

① 슬픈 마음   ② 기쁜 마음

③ 무서운 마음   ④ 외로운 마음

⑤ 안타까운 마음

6주
·
4일

🕐 **30초 요약**

8 다음 빈칸에 알맞은 말을 넣어 "라이트 형제의 비행기"의 핵심 내용을 한 문장으로 요약하세요.

☐☐☐☐☐ 는 세계 최초로 동력 ☐☐

☐ 를 만들어 하늘을 날았습니다.

『피리 부는 사나이』를 읽고

지문 분석 강의

오늘 집에서 『피리 부는 사나이』라는 책을 읽었다. 피리 부는 사나이 뒤를 수많은 아이들이 따라가는 표지 그림을 보고 내용이 궁금했기 때문이다.

독일의 어느 마을에 엄청난 쥐 떼가 나타나서 사람들을 공격하고 온갖 물건들을 다 갉아 놓았다. 이때 피리 부는 사나이가 나타나서 금화 천 냥을 주면 쥐 떼를 없애 주겠다고 하자 마을 사람들은 그러겠다고 약속했다. 피리 부는 사나이가 피리를 불자 쥐 떼가 모두 사나이를 따라 행진을 하며 강물로 뛰어들었다. 사나이가 쥐 떼를 없앴지만 마을 사람들은 돈이 없다며 약속을 지키지 않았다. 그날 밤, 화가 난 피리 부는 사나이가 피리를 불자 마을 아이들이 하나둘씩 사나이의 뒤를 따르기 시작했고 결국 모두 마을에서 사라졌다.

㉠나는 마을 아이들이 피리 부는 사나이를 따라 행진하는 장면이 인상 깊었다. 왜냐하면 어른들이 약속을 지키지 않아 생긴 일이 너무 엄청났기 때문이다. 아이들이 사라진 것을 알게 된 부모들은 얼마나 슬펐을까? 그리고 자신들이 약속을 지키지 않은 것을 얼마나 후회했을까?

이 책을 읽고 약속을 지키는 것은 참 중요하다는 생각이 들었다. 그리고 나는 다른 사람과의 약속을 잘 지켰는지 되돌아보았다. 앞으로는 사소한 약속이라도 지키도록 노력해야겠다.

어휘 뜻

• **온갖** 이런저런 여러 가지의.

• **금화**(金 쇠 금, 貨 재물 화) 금으로 만든 돈.

• **행진**(行 다닐 행, 進 나아갈 진) 줄을 지어 앞으로 나아감.

• **후회** 이전의 잘못을 깨치고 뉘우침.

어휘 퀴즈 다음 뜻을 지닌 낱말을 찾아 ✔표 하세요.

1 짐작이나 생각보다 정도가 아주 심하다.

☐ 엄청나다　　☐ 평범하다　　☐ 거침없다

2 보잘것없이 작거나 적다.

☐ 귀하다　　☐ 중요하다　　☐ 사소하다

1 글쓴이가 『피리 부는 사나이』를 읽은 까닭은 무엇인가요? (   )

① 책의 제목이 재미있어 보여서

② 표지 그림을 보고 내용이 궁금해서

③ 친구가 재미있다고 이야기해 주어서

④ 친구가 읽는 것을 보고 호기심이 생겨서

⑤ 학급 신문에서 책을 추천하는 글을 읽어서

2 ㉠은 독서 감상문에 들어가는 내용 중 무엇에 해당하나요? (   )

① 책 내용

② 책 제목

③ 책을 읽게 된 까닭

④ 독서 감상문의 제목

⑤ 인상 깊은 부분과 그 까닭

3 글쓴이가 『피리 부는 사나이』를 읽고 얻은 교훈은 무엇인가요? (   )

① 약속을 잘 지켜야 한다.

② 부모님께 효도해야 한다.

③ 밤에 피리를 불면 안 된다.

④ 낯선 사람을 따라가면 안 된다.

⑤ 사소한 약속은 지키지 않아도 된다.

6주·5일

30초 요약

4 다음 빈칸에 알맞은 말을 넣어 "『피리 부는 사나이』를 읽고"의 내용을 한 문장으로 요약하세요.

『피리 부는 사나이』는 피리 부는 [ ][ ][ ] 가 아이들을 데려

간 이야기로 [ ][ ] 을 잘 지켜야 한다는 교훈을 줍니다.

『흥부와 놀부』를 읽고

학교 도서관에서 『흥부와 놀부』를 읽었다. 유치원 때 연극으로 본 적이 있는데 무척 재미있어서 책으로 읽고 싶었다.

욕심쟁이 형 놀부는 아버지가 돌아가시자 재산을 몽땅 차지하고 흥부 가족을 빈손으로 쫓아냈다. 갖은 고생을 하며 가난하게 살아가던 흥부는 어느 날 제비 다리를 고쳐 주고 박씨를 선물받았다. 그리고 무럭무럭 자란 박 속에서 보물이 나와 큰 부자가 되었다. 샘이 난 놀부는 일부러 제비의 다리를 부러뜨려 박씨를 얻었지만 그 박 속에서는 거지와 도깨비, 똥물만 나와서 놀부는 그만 가난뱅이가 되었다.

재산을 모두 빼앗기고 빈손으로 쫓겨났는데도 형님인 놀부를 원망하지 않은 것을 보면 흥부는 마음씨가 참 착한 것 같다. 또, 제비 다리까지 고쳐 준 것을 보면 〔 ㉠ 〕 처음에는 이렇게 착하기만 한 흥부가 바보 같고 답답해 보였지만 결국 착하게 살아서 복을 받은 것 같아 기뻤다. 그리고 놀부가 도깨비들에게 혼나는 장면에서는 아주 신나고 통쾌했다. 실제로 나쁜 일을 하면 이렇게 혼을 내는 도깨비가 있으면 좋겠다. 마지막에 흥부가 놀부를 사랑으로 따뜻하게 감싸 안는 장면은 참 감동적이었다. 이 책을 읽으며 흥부에게 배울 점이 참 많다는 생각이 들었다.

어휘 퀴즈 다음 뜻을 지닌 낱말을 찾아 ✔표 하세요.

❶ 돈이나 물건 따위를 아무것도 가진 것이 없는 상태.

☐ 지위   ☐ 부귀   ☐ 빈손

❷ 아주 즐겁고 시원하여 유쾌하다.

☐ 통쾌하다   ☐ 상큼하다   ☐ 우울하다

어휘 뜻

● **연극** 배우가 각본에 따라 어떤 사건이나 인물을 말과 동작으로 관객에게 보여 주는 무대 예술.

● **원망** 못마땅하게 여기어 탓하거나 불평을 품고 미워함.

● **복(福 복 복)** 삶에서 누리는 좋고 만족할 만한 행운. 또는 거기서 얻은 행운.

5 글쓴이가 이 글을 쓴 까닭으로 알맞은 것을 찾아 ○표 하세요.

(1) 다른 사람에게 무엇인가를 부탁하기 위해서 ( )

(2) 다른 사람에게 일의 방법을 설명하기 위해서 ( )

(3) 책의 내용과 책에 대한 생각이나 느낌을 정리하기 위해서 ( )

6 흥부에 대한 설명으로 알맞지 <u>않은</u> 것은 무엇인가요? ( )

① 놀부의 동생이다.

② 놀부를 원망하고 미워했다.

③ 제비 다리를 고쳐 주고 박씨를 얻었다.

④ 아버지가 돌아가시자 빈손으로 쫓겨났다.

⑤ 박 속에서 보물이 나와 큰 부자가 되었다.

7 ㉠에 들어갈 '느낀 점'으로 알맞은 것은 무엇인가요? ( )

① 욕심이 많은 것 같다.

② 장난을 좋아하는 것 같다.

③ 잘난 척을 잘하는 것 같다.

④ 동물을 무서워하는 것 같다.

⑤ 작은 생명도 귀하게 여기는 것 같다.

6주
·
5일

30초 요약

8 다음 빈칸에 알맞은 말을 넣어 "『흥부와 놀부』를 읽고"의 내용을 한 문장으로 요약하세요.

『흥부와 놀부』는 착한 [ ][ ]와 욕심 많은 [ ][ ]가 주인

공인 이야기로, 착한 사람은 결국 복을 받는다는 교훈을 줍니다.

1 다음 주황색으로 쓴 말의 뜻을 찾아 ○표 하세요.

(1)
> 나는 친구에게 손을 흔들며 인사하였습니다.

① 사람의 팔목 끝에 달린 부분. ( )
② 어떤 일을 하는 데 드는 사람의 힘이나 노력. ( )

(2)
> 하늘에서 눈이 내렸습니다.

① 빛의 자극을 받아 물체를 볼 수 있는 감각 기관. ( )
② 공중에 있는 물기가 얼어서 땅 위에 떨어지는, 하얀 솜 모양의 작은 얼음 조각. ( )

(3)
> 그는 과거에 자신이 한 일을 후회하였습니다.

① 지나간 일이나 생활. ( )
② 옛날, 우리 나라와 중국에서 관리를 뽑을 때 실시하던 시험. ( )

2 다음은 낱말의 뜻을 국어사전에서 찾은 것입니다. 알맞게 채워 완성하세요.

(1) **땔감**: 부 을 때는 데 쓰는 재료.

(2) **행진하다**: 주 을 지어 앞으로 나아가다.

(3) **비행**: 고 주 으로 날아가거나 날아다님.

3 다음 낱말의 뜻을 생각하며 (　　) 안에 들어갈 알맞은 말에 밑줄 치세요.

> 뀌다: 방귀 따위를 몸 밖으로 내어보내다.
> 끼다: 안개나 연기 따위가 퍼져서 서리다.

(1) 동생은 방귀를 자주 (뀐다 / 낀다).

(2) 높은 가을 하늘에 안개가 (뀌기 / 끼기) 시작했다.

4 다음 빈칸에 들어갈 알맞은 말을 •보기•에서 찾아 쓰세요.

┌─ 보기 ─────────────────────────┐
　　　　사소한　　　뜨거운　　　느긋한
└──────────────────────────┘

(1) 친구와 나는 [　　　　] 일로 크게 다투고 말았다.

(2) 누나는 [　　　　] 성격이어서 일을 서두르지 않는다.

(3) 태양열 에너지는 태양의 [　　　　] 열을 이용한 것이다.

6주 · 5일

5 다음 밑줄 친 낱말을 맞춤법에 알맞게 고쳐 쓰세요.

(1) 물건을 방으로 <u>옴겼다</u>. ➡ [　][　][　]

(2) 친구를 <u>괴로피면</u> 안 된다. ➡ [　][　][　][　]

(3) 나는 필통을 <u>일어버렸다</u>. ➡ [　][　][　][　][　]

반대말을 찾아요.

♥ 그림 속 귀여운 친구들은 무엇을 하고 있나요? 사다리를 타고 내려가서 그림과 뜻이 반대인 낱말을 써넣으세요. 단, •보기•에 쓰인 낱말 중 골라 쓰도록 합니다. 그럼 출발!

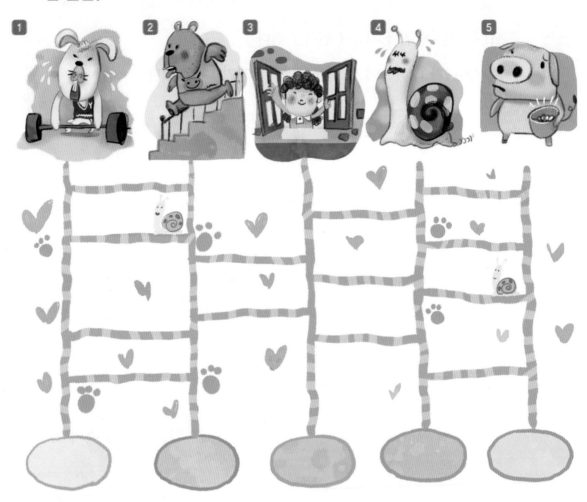

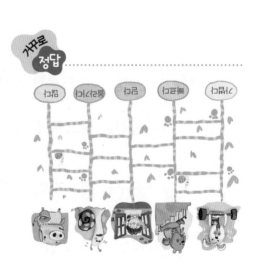

┌ 보기 ┐

1 가볍다 / 무겁다

2 내려가다 / 올라가다

3 열다 / 닫다

4 빠르다 / 느리다

5 적다 / 많다

초등 국어 **독해**와 **어휘**를 한 번에!

초능력 **국어 독해** ② 단계 학년

정답 및 풀이

동아출판

차례

정답 및 풀이

2단계

1일 사회

본문 10~13쪽

어휘 퀴즈

10쪽 / ❶ 퇴직 ❷ 상쾌하다

12쪽 / ❶ 반하다 ❷ 국민

1 (1) ○ (2) × (3) × (4) ○
2 할머니
3 ⑤
4 가족, 할아버지
5 ⑤
6 ⑤
7 ②, ④
8 아버지, 베트남

지문이 궁금해

"현진이의 가족 소개"

· 글의 종류 소개하는 글

· 글의 특징 현진이가 할아버지와 할머니, 부모님, 남동생이 함께 사는 자신의 가족을 소개하는 글입니다.

· 글의 흐름

할아버지는 숲 해설가이시고, 할머니께서는 요리를 잘하심.	어머니와 아버지께서는 회사에 다니시고, 야구를 좋아하심.	남동생은 유치원에 다니고 할아버지께서 등원을 도와주심.

"민우네 가족 신문"

· 글의 종류 신문

· 글의 특징 민우가 다문화 가정인 자신의 가족을 소개하는 내용이 담긴 가족 신문입니다.

· 글의 흐름

민우네는 어머니가 베트남 사람인 다문화 가족임.	어머니께서는 사회 복지관에서 한글을 배우심.	동네 아이들이 피부가 까맣다고 놀려서 속상함.

1 글에 나타난 현진이네 가족에 대한 설명을 잘 찾아봅니다.

오답을 조심해

(2) 동생은 할아버지와 함께 유치원에 갑니다.
(3) 예전에 학교 선생님이던 분은 할아버지입니다.

2 부모님께서 회사에 가시면 할머니께서 현진이와 동생의 준비물과 아침밥을 챙겨 주십니다.

3 현진이는 사랑하는 가족이 모두 모여 식사를 할 수 있기 때문에 저녁 시간이 가장 좋다고 하였습니다.

4 현진이네 가 족 은 할 아 버 지 , 할머니, 아버지, 어머니, 현진이, 남동생이 함께 사는 확대 가족입니다.

5 민우네 가족은 한국 사람인 아버지와 베트남 사람인 어머니가 결혼하여 구성된 가족입니다.

6 민우는 같은 국민이면 피부색도 같아야만 한다는 편견을 가진 동네 아이들이 답답하다고 생각하였습니다.

7 동네 아이들이 민우와 동생들에게 피부가 까맣다고 놀리며 너희 나라로 돌아가라고 놀린 것으로 보아, 민우는 차별과 편견 문제를 겪고 있습니다.

독해 비법 글쓴이의 상황을 파악해요.

동네 아이들이 우리를 보고 피부가 까맣다고 놀리며 너희 나라로 돌아가라고 소리쳤어요. (피부색이 다르다고) 우리 고향은 한국이라고 말해도 (한국에서 나고 자랐다고) 거짓말이라며 비웃었어요.

아직도 같은 국민이면 피부색도 같아야만 한다는 편견을 가 (민우가 동네 아이들이 답답하다고 생각하는 까닭) 진 아이들이 많아서 정말 답답했어요.

→ 차별과 편견 문제를 겪고 있는 민우네 가족

8 민우네 가족은 한국 사람인 아 버 지 와 베 트 남 사람인 어머니가 결혼하여 이룬 다문화 가족입니다.

어휘 퀴즈

14쪽 / ① 해충　　　② 수축

16쪽 / ① 세균　　　② 확률

1 ②

2 ②, ④

3 ①

4 모기, 찬물

5 ③

6 ⑤

7 (1) 손바닥　(2) 손깍지　(3) 엄지손가락
　(4) 손가락

8 감염병

지문이 궁금해

"모기에 물렸을 때"

• 글의 종류　설명하는 글

• 글의 특징　여름철에 모기에 물렸을 때 해야 할 올바른 행동과 모기에 물리지 않기 위해 예방하는 방법에 대해 설명하는 글입니다.

• 글의 흐름

모기에 물리면 모기의 침 속 물질 때문에 피부가 가려움.	모기에 물렸을 때는 약을 바르거나 혈관을 수축시켜야 함.	모기에 물리지 않기 위한 다양한 방법을 알고 지키면 좋음.

"올바른 손 씻기"

• 글의 종류　안내하는 글

• 글의 특징　손을 깨끗이 씻으면 좋은 점과 올바른 손 씻기 방법에 대해 안내하는 글입니다.

• 글의 흐름

손을 깨끗이 씻으면 감염병을 예방할 수 있음.	올바른 손 씻기 방법을 익히고, 손을 깨끗이 씻어야 함.

---

1 모기의 침 속에는 피가 굳지 않게 하는 물질이 들어 있는데, 모기가 피를 빨 때 이 물질이 우리 몸에 들어와 알레르기를 일으켜 가려움을 느끼게 됩니다.

2 침을 바르거나 손톱으로 누르거나 긁으면 세균이 들어가 더 아플 수 있습니다.

독해 비법　글의 내용을 자세히 살펴보아요.

우리는 모기에 물리면 침을 바르거나 손톱으로 눌러 십자(+) 모양 [모기에 물렸을 때 하지 말아야 할 행동 ①] 을 내곤 해요. 또 심하게 긁기도 하 [모기에 물렸을 때 하지 말아야 할 행동 ②] 지요. 하지만 이런 행동은 하지 않 [모기에 물렸을 때 하지 말아야 할 행동 ③] 는 것이 좋아요. 사람의 침이나 손톱에는 많은 세균이 있기 때문이에요. 모기 물린 곳에 침을 바르거나 손톱으로 긁으면 세균이 들어가 더 아플 수 있어요. [모기 물린 곳에 침을 바르거나 손톱으로 긁으면 안 되는 까닭]

3 모기는 어두운색을 좋아한다고 하였습니다.

오답을 조심해

② 모기는 어두운색을 좋아한다고 하였으므로 하얀색 옷을 입으면 덜 물릴 것입니다.

③ 모기는 화장품 냄새를 좋아한다고 하였으므로 향이 약한 화장품을 쓰면 덜 물릴 것입니다.

④ 모기는 사람의 땀 냄새를 좋아한다고 하였으므로 깨끗이 씻으면 덜 물릴 것입니다.

⑤ 모기는 물이 고여 있는 곳에 알을 낳는다고 하였으므로 주변을 축축하게 하지 않으면 덜 물릴 것입니다.

4 모 기 에 물렸을 때에는 즉시 약을 바르거나 얼음이나 찬 물 로 혈관을 수축시켜야 합니다.

5 손을 깨끗이 씻으면 좋은 점, 올바른 손 씻기 방법을 안내하기 위해 쓴 글입니다.

6 손을 깨끗이 씻으면 감염병에 걸릴 확률을 낮출 수 있다고 하였습니다.

7 '올바른 손 씻기 6단계'를 떠올려 봅니다.

8 손을 깨끗이 씻으면 감 염 병 을 예방할 수 있으므로, 올바른 손 씻기 방법을 익힙시다.

3일 문학

본문 18~21쪽

 어휘 퀴즈

18쪽 / **1** 주제   **2** 엉뚱하다

20쪽 / **1** 뜯다   **2** 슬금슬금

---

1 ③

2 ④

3 (3) ○

4 사자, 혀

5 ④

6 ④

7 ①

8 당나귀, 먹이, 늑대

지문이 **궁금해**

"몸에서 가장 힘이 센 곳"

- **글의 종류** 세계 명작 동화
- **글의 특징** 임금님에게 상을 받기 위해 사자의 젖을 구한 사나이의 이야기로 말(혀)의 중요성에 대해 생각하게 하는 글입니다.
- **글의 흐름**

| 사나이가 사자의 젖을 구해 돌아가다 낮잠을 잠. | → | 몸의 여러 부분들이 서로 다투다가 혀를 무시함. | → | 혀가 임금 앞에서 사자의 젖을 개의 젖이라 말함. |

"개와 당나귀"

- **글의 종류** 세계 명작 동화
- **글의 특징** 자신에게 도움을 요청한 개를 무시하고 자기만 생각한 당나귀가 늑대가 나타났을 때 개의 도움을 받지 못하고 죽게 된 내용의 글입니다.
- **글의 흐름**

| 풀을 뜯던 당나귀는 자신도 먹이를 먹을 수 있게 도와 달라는 개의 요청을 무시함. | → | 늑대가 나타나 위기에 처한 당나귀가 개에게 도움을 청했지만 거절 당하고 잡아먹힘. |

---

1 발과 눈, 혀는 모두 사자의 젖을 구한 것이 자신 덕분이라고 했습니다.

2 혀는 몸의 다른 부분들이 자신을 무시해 잔뜩 화가 났고, 자신의 말 한 마디가 얼마나 중요한지 보여 주고 싶어서 ㉠과 같이 엉뚱한 말을 했습니다.

3 이 글을 통해 말조심을 해야 한다는 교훈을 얻을 수 있습니다. '사람의 혀는 뼈가 없어도 사람의 뼈를 부순다.'는 뼈가 없는 혀를 놀려서 하는 말이 굳은 뼈도 부술 수 있다는 뜻으로, 말이란 무서운 힘을 가지고 있음을 비유적으로 이르는 말입니다.

> **오답**을 조심해
>
> (1) 옳고 그름이나 신의를 돌보지 않고 자기의 이익만 꾀함을 비유적으로 이르는 말.
> (2) 기역 자 모양으로 생긴 낫을 보면서도 기역 자를 모른다는 뜻으로, 아주 무식함을 비유적으로 이르는 말.

4 몸의 여러 부분들이 　사　자　의 젖을 구한 것은 자신 덕분이라며 다투다가 무시당한 　혀　가 임금님에게 개의 젖을 구해 왔다고 말하였습니다.

5 개를 도와주지 않은 것으로 보아, 당나귀는 자신만 생각하는 성격입니다.

6 당나귀는 먹이를 먹을 수 있도록 몸을 좀 숙여 달라는 개의 부탁을 거절하였습니다. 이와 비슷한 행동을 한 친구는 짐을 같이 들어 달라는 친구를 모른 척한 수경이입니다.

7 당나귀가 개를 도와주었다면 개도 당나귀가 늑대에게 잡아먹히지 않도록 도와주었을 것입니다. 따라서 이 글에서 얻을 수 있는 교훈은 서로 돕고 살아야 한다는 것입니다.

8 　당　나　귀　는 개가 　먹　이　를 먹을 수 있도록 도와주지 않았기 때문에 　늑　대　가 나타났을 때 개의 도움을 받지 못했습니다.

4일 예술

본문 22~25쪽

 어휘 퀴즈

22쪽 / ❶ 의사소통　❷ 이색적

24쪽 / ❶ 초원　❷ 활

---

1 ④, ⑤

2 ①

3 ②

4 알펜호른, 스위스

5 모린 후르

6 (1) ✕ (2) ✕ (3) ○ (4) ○

7 ⑤

8 몽골, 마두금, 말

지문이 궁금해

"스위스의 알펜호른"

· 글의 종류 설명하는 글

· 글의 특징 스위스의 대표적인 민속 악기인 알펜호른의 재료와 모양, 사용하던 때, 알펜호른 축제 등에 대해 설명하는 글입니다.

· 글의 흐름

| 알펜호른은 스위스의 대표적인 민속 악기임. | → | 알펜호른은 원래 목동들이 쓰던 도구였음. | → | 스위스에서는 여름마다 알펜호른 축제가 열림. |

"슬픈 전설을 가진 마두금"

· 글의 종류 설명하는 글

· 글의 특징 몽골 사람들이 말을 이용해 만든 악기인 마두금과 마두금에 얽힌 슬픈 전설에 대해 설명하는 글입니다.

· 글의 흐름

| 몽골 사람들은 유목 생활을 하여 말을 중요하게 여겼고, 말을 이용해 마두금이라는 악기를 만듦. | → | 마두금에는 죽은 말이 청년의 꿈에 나타나 자신의 몸으로 악기를 만들어 달라고 한 슬픈 전설이 얽혀 있음. |

---

1 알펜호른은 스위스의 민속 악기로 낮고 부드러운 소리가 납니다.

> **오답을 조심해**
> ① 알펜호른은 주로 나무껍질이나 가죽으로 만듭니다.
> ② 알펜호른은 기다란 나팔 모양입니다.
> ③ 알펜호른은 입으로 불어서 소리를 냅니다.

2 이 글에 알펜호른을 불어 늑대를 쫓아낸다는 내용은 나와 있지 않습니다.

> **독해 비법** 글의 내용을 자세히 살펴보아요.

　목동들은 풀을 뜯느라 여기저기에 흩어져 있는 소들을 외양간으로 불러들일 때나 _{목동들이 알펜호른을 사용하던 때 ①} 소의 젖을 짜는 동안 소들을 달래기 위해 알펜호른을 불었어요. _{목동들이 알펜호른을 사용하던 때 ②} 또한 목동들끼리 서로 연락을 주고받거나 멀리 있는 마을 사람들과 의사소통을 할 때에도 알펜호른_{목동들이 알펜호른을 사용하던 때 ③}을 사용했어요. _{목동들이 알펜호른을 사용하던 때 ④}

3 알펜호른 축제는 해마다 여름에 열린다고 했습니다.

4 |알|펜|호|른|은 |스|위|스|의 대표적인 민속 악기로 지금까지도 사랑받고 있습니다.

5 몽골 사람들은 마두금을 '모린 후르'라고 부릅니다.

6 마두금은 두 개의 줄을 활로 문질러서 연주하는 악기입니다. 그리고 마두금의 기둥에는 말의 머리가 조각되어 있습니다.

> **오답을 조심해**
> (1) 마두금의 소리는 첼로와 비슷하다고 하였습니다.
> (2) 마두금의 줄은 말의 꼬리털로 만든다고 하였습니다.

7 여인은 청년이 말을 타고 집으로 돌아갈 때마다 슬퍼서 참을 수가 없었고, 말이 없으면 청년이 돌아갈 수 없을 거라고 생각하여 말의 날개를 자르고 절벽에서 밀어 버렸습니다.

8 |몽|골|의 민속 악기인 |마|두|금|에는 |말|과 관련된 슬픈 전설이 얽혀 있습니다.

5일 문학

본문 26~29쪽

 어휘 퀴즈

26쪽 / ① 낡다　　② 입부리

28쪽 / ① 소오복이　　② 덮다

---

1 ⑤

2 (1) ○　(2) ○　(3) ✕　(4) ✕

3 ⑤

4 티, 이, 가시

5 ②, ④

6 눈

7 ④

8 지난밤, 눈, 이불

지문이 궁금해

"까치야 까치야"

- **글의 종류** 시
- **글의 특징** 한 아이가 까치에게 바라는 일을 말하는 장면을 표현한 시입니다.
- **글의 내용**

> 말하는 이는 까치에게 자신이 바라는 일을 들어주면 미역국을 맛있게 끓여 준다고 함.

"눈"

- **글의 종류** 시
- **글의 특징** 밤에 온 눈이 지붕, 길, 밭에 소복이 쌓여 있는 모습을 이불처럼 추울까 봐 덮어 주었다고 표현한 시입니다.
- **글의 내용**

> 지난밤에 내린 눈이 지붕과 길, 밭에 소복이 쌓여 있는 모습을 이불처럼 덮어 주었다고 함.

---

1 말하는 이는 까치에게 자신이 바라는 일을 들어주면 미역국을 맛있게 끓여 주겠다고 하였습니다.

2 이 시는 옛날 어린이들이 부르던 전래 동요의 노랫말로, 까치를 보며 상상한 내용을 쓴 것입니다.

3 이 시는 리듬감이 있어서 읽으면 노래하는 듯한 느낌이 들고 재미있습니다.

4 말하는 이는 까치에게 눈에 들어간 티 를 빼 주고, 새 이 가 나게 해 주고, 손등의 가 시 를 빼 달라고 하였습니다.

5 지난밤에 내린 눈을 보고 든 생각이나 느낌을 쓴 시로, 시의 분위기는 평화롭고 조용합니다.

> **오답을 조심해**
> ① 시의 분위기는 평화롭고 조용합니다.
> ③ 눈이 내리는 과정이 아니라 밤에 내린 눈에 대한 시입니다.
> ⑤ 장소의 변화가 나타나 있지 않습니다.

6 말하는 이는 눈을 지붕, 길, 밭 등을 덮어 주는 이불이라고 빗대어 표현하였습니다.

> **독해 비법** 시에서 빗대어 표현한 것을 찾아요.

지붕, 길, 밭에 내린 눈 = 이불

7 이 시는 눈이 내린 뒤의 모습을 표현한 것입니다.

8 지 난 밤 에 내린 눈 이 이 불 처럼 지붕이랑 길이랑 밭을 덮어 주었습니다.

독해 속 어휘 마무리!

본문 30~31쪽

1 (1) 눈　(2) 지도　(3) 말

2 (1) 밭　(2) 의사소통　(3) 티　(4) 유목　(5) 엉뚱한　(6) 상쾌하고

3 (1) 쌍둥이　(2) 세균　(3) 축제

4 (1) 퇴근　(2) 싫어한다　(3) 기쁘다

본문 **34~37**쪽

1 롱지

2 ③

3 (1) 발목　(2) 매듭　(3) 허리춤　(4) 꽃무늬

4 미얀마, 바람, 롱지

5 ④

6 (2) ○　(3) ○

7 ①, ⑤

8 손, 인도, 존중

지문이 궁금해

"미얀마의 전통 옷"

· 글의 종류 설명하는 글

· 글의 특징 미얀마의 전통 옷인 롱지에 대한 글로 남자가 입는 롱지와 여자가 입는 롱지의 공통점과 차이점, 롱지를 입으면 좋은 점 등을 설명하는 글입니다.

· 글의 흐름

| 미얀마에서는 남자와 여자 모두 롱지를 입음. | → | 롱지는 성별에 따라 입는 방법, 옷감이 다름. | → | 롱지를 입으면 편하고, 좋은 점이 많음. |

"인도의 식사 문화"

· 글의 종류 주장하는 글

· 글의 특징 손으로 음식을 먹는 인도의 식사 문화에 대한 설명과 다른 나라의 문화를 존중하는 자세를 가져야 한다는 주장이 나타난 글입니다.

· 글의 흐름

| 인도 식문화를 불결하다고 보는 사람들이 있음. | → | 손으로 음식을 먹는 까닭에는 여러 가지가 있음. | → | 다른 나라의 문화를 존중하는 자세를 가져야 함. |

---

1 미얀마에서는 남녀 모두 '롱지'라고 불리는 전통 옷을 입습니다.

2 롱지를 입기 시작한 때에 대해서는 나와 있지 않습니다.

3 롱지는 성별에 따라 입는 방법과 옷감에 차이가 있습니다.

▲ 여자가 롱지를 입은 모습　　▲ 남자가 롱지를 입은 모습

4 | 미 | 얀 | 마 | 는 날씨가 덥기 때문에 남녀 모두 | 바 | 람 | 이 잘 통하는 긴치마 모양의 | 롱 | 지 | 를 입습니다.

5 이 글은 손으로 음식을 먹는 인도의 식사 문화를 이해하고 존중하자는 의견을 말하고 있습니다.

6 인도 사람들은 화장실에서 뒤처리를 할 때 왼손을 사용하기 때문에 식사를 할 때에는 반드시 오른손을 사용합니다.

7 다른 나라의 문화를 잘못된 것이라 여기지 말고, 관심을 갖고 이해하고 존중해야 합니다.

오답을 조심해

② 다른 나라의 문화를 무조건 따르라는 것은 아닙니다.
③ 우리나라의 문화가 최고라고 고집하지 않고 다른 나라의 문화도 존중해야 합니다.
④ 자신과 다른 문화를 가진 사람도 멀리하지 않고 존중해 주어야 합니다.

8 인도 사람들이 | 손 | 으로 음식을 먹는 여러 가지 이유를 알고, | 인 | 도 | 의 식사 문화를 | 존 | 중 | 하는 자세를 가지도록 합시다.

2일 과학

본문 38~41쪽

어휘 퀴즈

38쪽 / ❶ 꽁무니   ❷ 천적

40쪽 / ❶ 반격   ❷ 뿜어내다

---

1 (1) ○ (2) × (3) × (4) ○

2 ⑤

3 공생

4 단물, 천적, 공생

5 ④

6 ⑤

7 🕒

8 곤충, 새

지문이 궁금해

"개미와 진딧물의 공생"

- **글의 종류** 설명하는 글
- **글의 특징** 서로에게 도움을 주고받으며 살아가는 개미와 진딧물의 공생 관계에 대해 설명하는 글입니다.
- **글의 흐름**

진딧물은 개미에게 꽁무니에서 달콤한 단물을 짜내어 줌.	→	개미는 진딧물을 무당벌레와 같은 천적으로부터 보호해 줌.

"스스로를 보호하는 곤충"

- **글의 종류** 설명하는 글
- **글의 특징** 곤충들이 새로부터 자신을 지키려고 사용하는 여러 가지 방법에 대해 설명하는 글입니다.
- **글의 흐름**

곤충은 새의 눈에 띄지 않도록 하여 새로부터 자신을 지킴.	→	곤충은 새에게 들켰을 때 새를 깜짝 놀라게 하기도 함.	→	곤충은 독한 냄새를 뿜어내거나 새에게 강하게 반격하기도 함.

1 개미는 달콤한 것을 좋아한다고 하였고, 진흙으로 집을 지은 뒤 진딧물을 데려와 돌보기도 한다고 하였습니다.

> **오답**을 조심해
> (2) 무당벌레는 진딧물을 잡아먹는 천적입니다.
> (3) 개미는 진딧물의 꽁무니에서 나온 단물을 빨아 먹습니다.

2 개미는 진딧물을 잡아먹으려고 하는 무당벌레 같은 천적을 물리쳐 줍니다.

3 다른 생물끼리 서로 도우며 사는 것을 '공생'이라고 하였습니다.

4 진딧물은 개미에게 단 물 을 주고 개미는 천 적 으로부터 진딧물을 보호해 주며 서로 공 생 합니다.

5 곤충이 새에게 잡아먹히지 않도록 몸을 보호하는 여러 가지 방법을 설명하는 글입니다.

6 새는 커다란 눈알 무늬를 천적의 눈인 줄 알고 깜짝 놀라는 것입니다.

7 몸 색깔과 비슷한 곳에 가만히 있으면 잘 들키지 않는다는 내용이므로, 문단 🕒에 들어가야 알맞습니다.

> **독해 비법** 각 문단의 중심 내용이 무엇인지 파악해 보아요.

문단 🕤	곤충은 새로부터 자신을 지키려고 여러 가지 방법을 사용합니다.
문단 🕒	곤충은 자신의 색깔, 무늬와 비슷한 곳에 있어서 새의 눈에 띄지 않게 합니다.
문단 🕓	새에게 들킬 때에는 새를 깜짝 놀라게 하기도 합니다.
문단 🕔	어떤 곤충들은 새에게 독한 냄새를 뿜어내거나 강하게 반격하기도 합니다.

8 곤 충 은 새 에게 잡아먹히지 않으려고 여러 가지 방법을 사용합니다.

3일 문학

본문 42~45쪽

 어휘 퀴즈

42쪽 / ❶ 휘휘　　❷ 붕붕

44쪽 / ❶ 점무늬　　❷ 물끄러미

1 ④

2 (1) ✕ (2) ◯ (3) ◯ (4) ✕ (5) ◯

3 민들레 씨

4 수수께끼, 민들레 씨

5 ③

6 ②

7 ④

8 무당벌레, 검댕아, 크레파스

지문이 궁금해

"까치와 소담이의 수수께끼 놀이"

- 글의 종류 창작 동화
- 글의 특징 까치가 수수께끼 문제를 내고 소담이가 수수께끼 문제의 답을 맞히는 내용의 동화입니다.
- 글의 흐름

| 까치가 소담이에게 하얀 우산을 쓰고 휠휠 나는 것이 무엇이냐고 수수께끼 문제를 냄. | ➡ | 소담이는 5월에 바람에 날리는 민들레씨를 보고 수수께끼의 답을 맞힘. |

"넌 멋쟁이야"

- 글의 종류 창작 동화
- 글의 특징 검은 옷만 입고 다니는 인내심이 많은 개미와 매일 예쁜 옷을 입고 다니지만 잘난 척을 하고 친구를 괴롭히는 심술궂은 무당벌레가 다투고 화해하는 내용의 동화입니다.
- 글의 흐름

| 무당벌레는 예쁜 옷을 자랑하며, 개미를 놀리고 괴롭힘. | ➡ | 개미는 그런 무당벌레에게 화를 내지 않고 꾹 참음. |

---

1 까치는 소담이에게 수수께끼 놀이를 하며 놀자고 하였습니다.

2 3월에 소담이는 파릇파릇 돋아난 냉이랑 쑥을 뜯었다고 하였고, 4월에는 꿀벌과 하얀 나비를 보았다고 하였습니다. 그리고 5월에 소담이는 민들레 씨가 바람에 날아가는 모습을 보았습니다.

> **오답을 조심해**
> ⑴ 이 글과 관련된 계절은 봄입니다.
> ⑷ 소담이가 수수께끼 문제의 정답을 알아낸 때는 5월에 민들레 씨가 바람에 날릴 때입니다.

3 하얀 우산을 쓰고 휠휠 날아다니는 것은 '민들레 씨'라고 하였습니다.

▲ 민들레 씨

4 까치가 소담이에게 | 수 | 수 | 께 | 끼 | 를 냈고, 소담이는 바람에 날아가는 | 민 | 들 | 레 | 씨 | 를 보고 답을 맞혔습니다.

5 무당벌레는 검은 옷만 입고 다니는 개미를 놀리려고 "검댕아!"라고 불렀습니다.

6 무당벌레는 잘난 척을 잘하고 친구를 괴롭히는 짓궂은 성격입니다. 개미는 무당벌레가 놀려도 꾹 참고 크레파스도 빌려준 것으로 보아, 참을성이 많고 친절한 성격입니다.

7 무당벌레가 개미에게 심술부리며 크레파스를 빼앗는 상황이므로, 심술궂은 목소리로 읽어야 실감 납니다.

8 | 무 | 당 | 벌 | 레 | 는 개미를 " | 검 | 댕 | 아 | !" 라고 부르며 놀리고, 개미의 빨강 | 크 | 레 | 파 | 스 | 를 빼앗아 갔습니다.

4일 인물

본문 46~49쪽

 어휘 퀴즈

46쪽 / ① 작곡   ② 성인

48쪽 / ① 고수   ② 장차

---

1 ④
2 ①
3 (1) 합창 (2) 영웅 (3) 운명
4 귀, 작곡, 악성
5 (1) ○ (2) × (3) × (4) ○
6 ③
7 종묘 제례악
8 악보, 악기, 궁중

지문이 궁금해

"악성 베토벤"

- 글의 종류 전기문
- 글의 특징 음악의 성인으로 불리는 베토벤의 성장 과정과 업적을 알 수 있는 전기문입니다.
- 글의 흐름

베토벤은 여덟 살 때 첫 연주회를 열 정도로 음악 실력을 인정받음.	베토벤은 성장하면서 귀가 들리지 않게 되어 절망했지만 마음을 바꿈.	베토벤은 작곡에 힘을 쏟아 여러 교향곡을 탄생시켰고, 악성이라 불림.

"조선의 음악가 박연"

- 글의 종류 전기문
- 글의 특징 조선 시대에 악보를 정리하고 여러 악기들과 궁중 음악을 만든 박연에 대한 전기문입니다.
- 글의 흐름

피리의 고수였던 박연은 악공으로부터 수준이 낮다는 말을 듣고 열심히 배움.	과거에 합격한 박연은 악보를 정리하고 여러 악기를 만들었으며 궁중 음악도 만듦.

---

1 베토벤은 귀가 들리지 않아 연주회를 그만두려고 했습니다.

2 베토벤은 자신 안에 있는 음악을 모두 꺼내 사람들에게 들려주기 위해 죽음에 대한 생각을 떨치고 작곡에 힘을 쏟았습니다.

3 마지막 문단에 베토벤이 작곡한 교향곡에 대한 내용이 나와 있습니다.

4 베토벤은 귀 가 들리지 않았지만 포기하지 않고 작 곡 에 힘을 쏟아 악 성 이라고 불렸습니다.

5 박연은 어렸을 때부터 피리를 잘 불었으며 포기하지 않고 노력하여 피리를 더 잘 불게 된 것으로 보아 실망해도 포기하지 않고 끝까지 해내는 성격입니다.

오답을 조심해

(2) 박연은 신분이 낮은 악공에게 연주법을 꾸준히 배웠습니다.
(3) 박연은 타고난 피리 실력에도 자만하지 않고 더 잘 연주하기 위해서 날마다 노력하였습니다.

6 박연은 제각각이던 당시 조선의 악보를 정리하고, 음의 기준이 되는 악기인 편경과 편종, 특종, 방향 등의 악기를

▲ 편경

제작하였으며 궁중 음악을 만들었습니다. 박연이 신분이 낮은 사람들에게 피리를 가르쳤다는 내용은 나오지 않습니다.

7 글의 마지막 문장에서 조선 궁중의 제사 음악이 종묘 제례악이라고 하였습니다.

8 박연은 조선의 악 보 를 정리하고, 편경 등 여러 악 기 를 제작하였으며 궁 중 음악을 만들었습니다.

5일 문학

어휘 퀴즈

50쪽 / ❶ 뒤집어엎다　❷ 원망

52쪽 / ❶ 뭍　❷ 들락날락

---

1 ④

2 하율

3 ④

4 아들, 보물, 참외

5 (1) 용궁　(2) 뭍

6 (3) ○

7 ①, ②

8 용궁, 간, 꾀

지문이 궁금해

"아버지가 남긴 보물"

· **글의 종류** 옛이야기

· **글의 특징** 아버지가 게으른 세 아들에게 남기고 간 보물에 대한 이야기입니다.

· **글의 흐름**

| 아버지는 참외밭에 보물이 있다는 유언을 남김. | → | 세 아들은 참외밭을 뒤집어엎으며 보물을 찾음. | → | 탐스러운 열매가 열렸고, 세 아들이 깨달음. |

"토끼의 간"

· **글의 종류** 옛이야기

· **글의 특징** 용궁에 간 토끼의 이야기입니다.

· **글의 흐름**

| 토끼는 용왕에게 간을 집에 두고 왔다고 함. | → | 토끼는 뭍으로 나와 자라를 놀리며 달아남. |

---

1 세 아들은 아버지가 참외밭에 숨겨 놓았다는 보물을 찾기 위해 쉬지 않고 참외밭을 파헤쳤습니다.

2 게으른 세 아들은 탐스러운 참외를 얻는 과정에서 땀 흘려 일하는 것의 소중함을 깨달았습니다.

3 세 아들은 부지런히 일해야만 귀중한 것을 얻을 수 있다는 것을 깨달았으므로, 부지런한 사람이 되었을 것입니다.

4 세 [아] [들] 은 [보] [물] 을 찾기 위해 참외밭을 파헤쳐 탐스러운 [참] [외] 를 얻은 뒤 아버지가 남긴 보물의 의미를 깨달았습니다.

5 자라를 따라 용궁으로 간 토끼는 용왕을 속이고, 뭍으로 나왔습니다.

6 (3)은 아무리 위급한 경우를 당하더라도 정신만 똑똑히 차리면 위기를 벗어날 수가 있다는 뜻입니다.

오답을 조심해

(1) 어릴 때 몸에 밴 버릇은 늙어 죽을 때까지 고치기 힘들다는 뜻으로, 어릴 때부터 나쁜 버릇이 들지 않도록 잘 가르쳐야 함을 비유적으로 이르는 말입니다.

(2) 자기가 남에게 말이나 행동을 좋게 하여야 남도 자기에게 좋게 한다는 말입니다.

7 자라는 토끼의 말에 속아 토끼를 뭍으로 데려온 자신이 어리석게 느껴졌을 것이고, 용왕의 병을 고칠 수 없게 되어 슬펐을 것입니다.

8 토끼는 [용] [궁] 으로 갔다가 용왕에게 [간] 을 빼앗길 뻔 하였으나 [꾀] 를 내어 다시 뭍으로 나와 달아났습니다.

독해 속 어휘 마무리!

1 (1) ② ○　(2) ② ○　(3) ① ○

2 (1) 잡아먹는　(2) 건강

3 (1) 바랬다　(2) 바랐다

4 (1) 파릇파릇　(2) 훨훨　(3) 살랑살랑

5 (1) 벗고　(2) 갔다　(3) 숨었다

정답 및 풀이 11

3주

1일 사회

본문 58~61쪽

어휘 퀴즈

58쪽 / **①** 이내   **②** 피곤하다

60쪽 / **①** 인상적   **②** 길쌈

---

1 ④

2 ⑤

3 행랑

4 양반, 노비

5 민속 박물관

6 (1) 맷돌 (2) 베틀 (3) 국수틀 (4) 다림쇠

7 ②

8 도구, 지혜

지문이 궁금해

"소하와 금복이"

- **글의 종류** 생활문
- **글의 특징** 양반인 소하와 노비인 금복이의 이야기로, 양반과 노비 생활의 차이를 알 수 있는 글입니다.
- **글의 흐름**

| 소하는 양반이고 금복이는 노비임. | → | 소하만 서당에서 공부를 함. | → | 금복이의 가족은 행랑에서 삶. |

"민속 박물관을 다녀와서"

- **글의 종류** 견학 기록문
- **글의 특징** 민속 박물관으로 체험학습을 다녀와서 알게 된 점과 그에 대한 생각이나 느낌을 쓴 글입니다.
- **글의 흐름**

| 1층에는 옷과 관련된 도구들이 있었음. | → | 2층에는 옛날 부엌이 그대로 재현되어 있었음. | → | 조상들의 지혜가 놀랍고 존경스러웠음. |

---

1 금복이는 '과거도 볼 수 없는 노비 주제에 글을 알아 봤자 뭐하나.' 하는 생각이 들어서 이내 마음을 접었다고 하였습니다.

2 양반인 소하와 노비인 금복이가 서당에 함께 갔지만 소하만 서당 안으로 들어가 글공부를 했습니다.

3 금복이가 밤이 되어 행랑으로 건너갔다고 한 것으로 보아, 옛날에 주로 하인이 거처하는 방을 '행랑'이라고 하였음을 알 수 있습니다.

> **독해 비법** 앞뒤 내용을 살펴 낱말의 뜻을 알아보아요.
>
> 밤이 되자 금복이는 <u>소하의 잠자리를 살펴 준 뒤</u>, 행랑으로
> _{노비인 금복이가 일을 마치고 건너간 곳}
> _{노비인 금복이가 양반인 소하의 잠자리를 살펴 줌.}
> 건너갔어요. 금복이의 아버지는 코를 골며 자고 있었어요. 하
> 루 종일 농사일을 하느라 피곤하셨나 봐요. 금복이의 어머니는
> _{노비인 아버지가 농사일을 하고 행랑에서 주무심.}
> 오늘 밤에도 바느질을 해요.
> _{노비인 어머니가 행랑에서 바느질을 하심.}
> → 행랑이 주로 하인이 거처하던 방이었음을 알 수 있음.

4 옛날에는 신분에 따라 [양][반]과 [노][비]의 생활 모습이 매우 달랐습니다.

5 글쓴이는 친구들과 체험 학습으로 민속 박물관에 다녀왔다고 하였습니다.

6 글쓴이가 1층과 2층에서 본 것들을 살펴봅니다.

 ▲ 베틀    ▲ 맷돌

7 글쓴이는 전기가 없던 시대에 도구를 만들어 집안일을 한 조상들의 지혜가 놀랍고 존경스러웠다고 하였습니다.

8 민속 박물관에 가서 다림쇠, 맷돌 등과 같은 옛날에 쓰던 [도][구]를 보니 조상들의 [지][혜]가 놀랍고 존경스러웠습니다.

2일 과학

 어휘 퀴즈

62쪽 / ❶ 양지바르다   ❷ 척박하다

64쪽 / ❶ 가로수   ❷ 꽃대

1 ②

2 ②, ④

3 (1) 진 (2) 개 (3) 진 (4) 개

4 봄, 개나리, 다른

5 ①

6 (1) 꽃대 (2) 갓털 (3) 바람

7 ④

8 갓털, 바람

지문이 궁금해

"개나리와 진달래"

• 글의 종류 설명하는 글

• 글의 특징 봄에 피는 개나리와 진달래의 비슷한 점과 다른 점에 대해 설명하는 글입니다.

• 글의 흐름

개나리와 진달래는 비슷한 점과 다른 점이 있음.	→	개나리는 노란색 통꽃으로 생명력이 강함.	→	진달래는 분홍색 통꽃으로 꽃잎을 먹기도 함.

"민들레"

• 글의 종류 설명하는 글

• 글의 특징 봄에 피는 민들레의 씨가 날아 꽃을 피우는 과정을 설명하는 글입니다.

• 글의 흐름

민들레꽃이 시들면 씨가 생기는데 씨에는 바람에 잘 날 수 있는 갓털이 있음.	→	씨가 익으면 꽃대가 다시 서서 높게 자라고, 바람을 받아 씨가 날아감.

1 진달래를 먹는 방법에 대해서는 나와 있지만 개나리를 먹는 방법은 나와 있지 않습니다.

오답을 조심해

① 개나리는 노란색 꽃, 진달래는 분홍색 꽃이라고 하였습니다.
③ 개나리와 진달래는 봄에 피는 꽃이라고 하였습니다.
④ 개나리는 도시의 길가에서 많이 볼 수 있고, 진달래는 공기가 맑은 산에서 많이 볼 수 있다고 하였습니다.
⑤ 개나리는 꽃잎 끝이 네 개, 진달래는 꽃잎 끝이 다섯 개로 갈라진다고 하였습니다.

2 꽃잎을 따서 먹을 수 있는 것은 진달래이고 척박한 땅에서도 잘 자라는 것은 개나리입니다. 개나리와 진달래는 잎이 나기 전에 꽃이 먼저 피고, 햇볕이 잘 드는 곳을 좋아해서 양지바른 곳에 모여서 핍니다.

▲ 개나리

▲ 진달래

3 세 번째 문단에 개나리의 특징이, 네 번째 문단에 진달래의 특징이 나타나 있습니다.

4 봄 에 피는 개 나 리 와 진달래는 비슷한 점도 있지만 다 른 점도 많습니다.

5 민들레 씨는 하얀 솜털처럼 생긴 갓털 때문에 바람을 타고 잘 날아갑니다.

6 두 번째 문단에 민들레가 씨를 퍼뜨리는 과정이 나타나 있습니다.

▲ 민들레꽃

▲ 민들레 씨

7 씨가 익으면 꽃대가 높게 자라고, 갓털이 바람에 닿게 되어 씨가 날아갑니다.

8 민들레 씨에는 갓 털 이 있어서 바 람 을 타고 날아가 싹을 틔웁니다.

어휘 퀴즈

66쪽 / **1** 조심조심 **2** 뜻밖에
68쪽 / **1** 소원 **2** 용기

1 (1) ○ (2) ✕ (3) ✕ (4) ○
2 ⑤
3 ③
4 장님, 등불
5 ④
6 ⑤
7 (1) 사자 (2) 양철 나무꾼 (3) 허수아비
8 머리, 마음, 용기

지문이 궁금해

"장님의 등불"

· 글의 종류 세계 명작 동화
· 글의 특징 캄캄한 밤에 산길을 걷는 장님이 자신이 아닌 다른 사람을 위해 등불을 들었다는 내용의 감동적인 이야기입니다.
· 글의 흐름

| 한 남자가 캄캄한 밤에 만난 장님이 등불을 들고 있는 것을 보고 이유를 물음. | → | 장님은 다른 사람이 자신과 부딪히지 않게 하기 위해 등불을 든 것이라고 말함. |

"오즈의 마법사"

· 글의 종류 세계 명작 동화
· 글의 특징 집으로 가는 방법을 알기 위해 마법사 오즈를 찾아가는 도로시와 각자 다른 이유로 도로시와 함께 하게 된 친구들의 이야기입니다.
· 글의 흐름

| 도로시와 친구들은 오즈에게 소원을 이뤄 달라고 하기 위해 일찍 일어남. | → | 오즈는 도로시를 제외하고 나머지 친구들 각각의 소원을 모두 들어줌. |

1 일이 일어난 때는 캄캄한 밤이어서 산길은 어두웠고, 장님은 등불을 들고 걸어가고 있었습니다.

오답을 조심해

(2) 남자는 산길을 걷다가 장님과 만났습니다.
(3) 남자는 장님과 마주친 것이지 부딪힌 것은 아닙니다.

2 장님은 다른 사람이 자신과 부딪히지 않고 안전하게 다닐 수 있도록 등불을 들고 다닌다고 하였습니다.

3 장님은 자신에게는 등불이 필요 없지만 다른 사람을 위해서 등불을 들고 다닌다고 하였습니다. 이러한 점으로 보아 장님은 자신보다 남을 먼저 생각하는 사람입니다.

4 캄캄한 밤에 장 님 은 다른 사람이 자신과 부딪히지 않고 안전하게 다니도록 하기 위해서 등 불 을 들고 다녔습니다.

5 이 글에 초록 마녀는 나오지 않습니다.

6 도로시와 친구들은 빨리 소원을 이루기 위해서 일찍 일어났습니다.

7 오즈가 각 인물에게 들어준 소원이 무엇인지 찾아봅니다.

독해 비법 오즈의 말을 통해 각 인물이 원하는 것을 찾아봐요.

· "이제 당신은 똑똑한 머리를 갖게 됐소."
  → 허수아비는 똑똑한 머리를 갖길 원함.
· "이제 당신은 모두를 사랑할 수 있는 따뜻한 마음을 가지게 됐소."
  → 양철 나무꾼은 따뜻한 마음을 갖길 원함.
· "용기가 나게 만드는 약이오. 어서 마셔요."
  → 사자는 용기를 갖길 원함.

8 오즈는 허수아비에게는 똑똑한 머 리 를, 양철 나무꾼에게는 따뜻한 마 음 을, 사자에게는 용 기 를 주었습니다.

4 일 예술

본문 70~73쪽

 어휘 퀴즈

70쪽 / ❶ 섞다　　❷ 독특하다

72쪽 / ❶ 신성하다　　❷ 돌

---

1 ①, ③, ⑤

2 (1) ㉮ (2) ㉱ (3) ㉯

3 ①, ④, ⑤

4 파랑, 섞으면

5 ②

6 (1) 노랑 (2) 남쪽 (3) 북쪽

7 ③

8 동, 서, 남, 북, 가운데

지문이 궁금해

"색을 만들어요"

• 글의 종류　설명하는 글

• 글의 특징　다양한 색을 만들어 낼 수 있는 기본색인 삼원색(빨강, 파랑, 노랑)에 대해 설명하는 글입니다.

• 글의 흐름

빨강, 파랑, 노랑을 '삼원색'이라고 하며 이 세 가지 색은 기본색이라고도 불림.	➡	빨강, 파랑, 노랑의 삼원색을 다양한 방법으로 섞으면 많은 색을 만들 수 있음.

"뜻을 가진 색, 오방색"

• 글의 종류　설명하는 글

• 글의 특징　우리나라의 전통 색인 파랑, 빨강, 노랑, 하양, 검정의 오방색의 뜻과 나타내는 바 등을 설명하는 글입니다.

• 글의 흐름

우리나라의 전통 색인 오방색은 동서남북, 가운데의 방향을 가리키고, 나타내는 바도 다름.	➡	우리 조상들은 오방색이 나타내는 바나 의미를 생활 곳곳에 사용하였음.

---

1 빨강, 파랑, 노랑을 '삼원색'이라고 합니다.

▲ 삼원색

2 두 번째 문단에 삼원색끼리 섞으면 어떤 색이 되는지 나타나 있습니다.

3 삼원색은 기본색이라고도 하고, 삼원색을 섞어서 만든 색에 다시 삼원색을 섞으면 또 다른 색이 됩니다. 또한 화가들은 독특한 색을 만들어 자신만의 그림을 그리기도 합니다.

> **오답**을 조심해
>
> ② 삼원색은 섞어서 만들 수 있는 색이 아닙니다.
> ③ 색을 혼합할 때 어느 색을 더 많이 넣느냐에 따라 또 다른 새로운 색을 만들 수 있습니다.

4 빨강, 파 랑 , 노랑을 삼원색이라고 하는데, 이 삼원색을 여러 가지 방법으로 섞 으 면 많은 색을 만들 수 있습니다.

5 이 글은 오방색에 담긴 뜻을 설명하고 있습니다.

6 이 글의 두 번째 문단에 나타나 있습니다.

▲ 오방색

7 하양이 나타내는 신성한 기운을 받으라고 아기에게 흰옷을 입혔습니다.

8 오방색은 우리나라의 전통 색으로, 동 , 서 , 남 , 북 , 가 운 데 의 다섯 방향과 나무, 쇠, 불, 물, 흙을 나타냅니다.

5일 문학

본문 74~77쪽

74쪽 / ❶ 둥지   ❷ 저만치

76쪽 / ❶ 술술   ❷ 빙그레

1 ②

2 ②, ④

3 기준

4 둥지, 새알

5 ②

6 ⑤

7 (1) ○ (2) ○

8 엄마

지문이 궁금해

"새알 만져 보기"

· 글의 종류 시

· 글의 특징 한 아이가 풀숲 작은 둥지 속에 있는 새알 두 개를 꺼내 갈까 말까 고민하는 모습이 담겨 있는 시입니다.

· 글의 내용

> 한 아이가 작은 둥지 속에 있는 새알을 꺼내 갈까 말까 고민이 되어 망설이고 있음.

"엄마하고"

· 글의 종류 시

· 글의 특징 엄마와 함께 있으면 행복한 말하는 이의 마음이 잘 나타난 시입니다.

· 글의 내용

> 엄마하고 같이 걷고 이야기를 하면 기분이 좋고, 꿈에서도 엄마를 보며 빙그레 웃게 됨.

1 말하는 이는 둥지 속에 있는 새알을 꺼낼까 말까 망설이고 있습니다.

2 말하는 이는 새알을 두고 가는 것이 아쉽기도 하고, 잠깐 사이에 새알이 잘 있는지 궁금하기도 하고, 걱정되기도 하여 저만치 가다가 다시 와 보았습니다.

3 말하는 이처럼 새알을 보았던 경험을 말한 친구는 기준이입니다.

4 말하는 이는 풀숲 작은 둥 지 에 새 알 두 개를 두고 가는 것이 아쉬워 저만치 가다가 다시 와서 만져 보았습니다.

5 엄마가 아이를 혼내며 다그치는 장면은 이 시의 내용과 맞지 않습니다.

6 이 시에서 말하는 이는 자신을 다정하게 대해 주시는 엄마와 함께 있는 시간이 즐겁고 행복합니다.

> 독해 비법 각 연의 중심 내용을 통해 말하는 이의 마음을 파악해 보아요.

1연	엄마하고 길을 가면 기분이 좋아 깡충깡충 뛰게 됩니다.
2연	엄마하고 이야기를 하면 편안해서 더 말을 잘할 수 있습니다.
3연	엄마가 좋아서 꿈에서도 엄마를 보게 됩니다.
4연	자면서도 엄마와 함께 있는 것이 좋아서 웃게 됩니다.

→ 이 시에는 엄마와 함께 하는 모든 것이 즐거운 말하는 이의 마음이 나타나 있습니다.

7 (3)은 이 시의 분위기로 알맞지 않습니다.

8 말하는 이는 엄 마 와 함께 있으면 언제나 즐겁고 행복합니다.

독해 속 어휘 마무리!

본문 78~79쪽

1 (1) 가지 (2) 길 (3) 꿈

2 (1) 체험 (2) 부엌 (3) 꽃잎 (4) 어이없다는 (5) 독특한

3 (1) 기운 (2) 인상 (3) 역할

4 (1) 나중 (2) 음지 (3) 평범하다

1일 사회

본문 82~85쪽

어휘 퀴즈

82쪽 / ① 전분　② 곁들이다

84쪽 / ① 층층이　② 금하다

1 ④

2 (추운) 겨울

3 (1) ✕ (2) ◯ (3) ✕ (4) ◯

4 평양, 함흥

5 ①, ②, ⑤

6 (1) ㉯ (2) ㉮

7 ③

8 터키, 고기, 꼬챙이

지문이 궁금해

"평양냉면과 함흥냉면"

· 글의 종류 설명하는 글

· 글의 특징 평양냉면과 함흥냉면을 만드는 재료와 먹는 방법 등을 비교하며 설명하는 글입니다.

· 글의 흐름

옛날 기록을 보면 북쪽 지방 사람들은 냉면을 주로 추운 겨울에 먹었음.	▶	평양냉면은 메밀가루, 함흥냉면은 옥수수와 감자, 고구마의 전분으로 만듦.	▶	평양냉면은 국물에 면을 말아 먹고, 함흥냉면은 양념에 비벼 먹음.

"케밥"

· 글의 종류 설명하는 글

· 글의 특징 터키에서 가장 유명한 음식인 케밥의 뜻과 유래, 종류, 먹는 방법 등을 설명하는 글입니다.

· 글의 흐름

케밥은 터키의 대표적인 음식임.	▶	케밥은 다양한 종류가 있음.	▶	케밥은 먹는 방법도 다양함.

---

1 이 글은 평양냉면과 함흥냉면의 같은 점과 다른 점을 설명하고 있습니다.

2 옛날 기록에 북쪽 지방 사람들은 냉면을 주로 추운 겨울에 먹었다고 하였습니다.

▲ 평양냉면　　▲ 함흥냉면

3 평양냉면은 메밀가루로 면을 만들고, 함흥냉면은 옥수수나 감자 등의 전분으로 면을 만듭니다.

오답을 조심해

(1) 함흥냉면은 옥수수나 감자, 고구마 등의 전분으로 만들어 면이 질깁니다.

(3) 평양냉면은 동치미 국물이나 고기 국물에 면을 말아 먹습니다.

4 메밀가루로 만드는 평 양 냉면은 동치미 국물이나 고기 국물에 말아 먹고, 전분으로 만드는 함 흥 냉면은 양념에 비벼 먹습니다.

5 케밥은 '꼬챙이에 끼워 불에 구운 고기'라는 뜻이고 종류가 셀 수 없이 많습니다.

6 고기와 채소를 작게 썰어 꼬챙이에 끼워 굽는 케밥은 '시시 케밥', 고기를 넓적하게 썰어 층층이 쌓아서 꼬챙이에 끼운 뒤 잘 구워서 얇게 썰어 먹는 케밥은 '도네르 케밥'입니다.

▲ 도네르 케밥　　▲ 시시 케밥

7 터키 사람들은 돼지고기를 금하는 이슬람교를 믿기 때문에 돼지고기로 케밥을 만들지 않습니다.

8 터 키 의 대표적 음식인 케밥은 고 기 를 꼬 챙 이 에 끼워 불에 구운 요리입니다.

2일 과학

어휘 퀴즈

86쪽 / ❶ 수증기   ❷ 검붉다
88쪽 / ❶ 지층   ❷ 산사태

1 ①
2 ④
3 (1) 밝다. (2) 매우 작다. (3) 없다.
4 화산재, 화강암
5 (1) 지구 안쪽에서 작용하는 힘 (2) 지진
6 ⑤
7 ③, ④, ⑤
8 지진, 땅, 피해

지문이 궁금해

"화산"

- **글의 종류** 설명하는 글
- **글의 특징** 화산과 화산이 폭발할 때 나오는 여러 가지 물질에 대해 설명하는 글입니다.
- **글의 흐름**

| 화산은 땅속의 마그마가 땅 위로 나오면서 만들어진 지형임. | → | 화산이 폭발할 때 화산 가스, 용암 등 여러 가지 물질이 나옴. | → | 용암과 마그마는 현무암과 화강암이 되기도 함. |

"흔들리는 땅"

- **글의 종류** 설명하는 글
- **글의 특징** 지진이 발생하는 원인과 지진이 발생할 때 생기는 육지와 바다의 피해에 대해 설명하는 글입니다.
- **글의 흐름**

| 땅속의 지층이 휘어지다가 끊어지면서 지진이 발생함. | → | 큰 지진이 발생하면 육지에서 엄청난 피해가 생기기도 함. | → | 지진은 바다 밑에서도 발생하여 지진 해일이 생기기도 함. |

1 구름은 수증기가 하늘로 올라가 만들어진 것입니다.

2 암석이 땅속 깊은 곳에서 녹은 것을 '마그마', 마그마가 땅을 뚫고 흘러나온 것을 '용암'이라고 합니다.

3 현무암은 색이 어둡고 알갱이가 매우 작으며 화산 가스가 빠져나간 구멍이 있습니다. 화강암은 색이 밝고 알갱이가 크며 구멍이 없습니다.

4 화산이 폭발할 때 화산 가스, 용암, 화 산 재 , 화산 암석 등이 나오며, 현무암과 화 강 암 이 만들어집니다.

5 스티로폼이 지층이라면 손으로 구부리는 힘은 지구 안쪽에서 작용하는 힘이고, 스티로폼이 끊어질 때 생기는 손의 떨림은 지진입니다.

6 지진 때문에 비가 내리지는 않습니다. 비가 많이 내려 논밭이 물에 잠기는 것은 태풍이나 장마로 인한 피해에 해당합니다.

독해 비법 글에서 설명한 대상을 잘 이해해요.

① 지진: 땅속에 있는 지층이 오랫동안 큰 힘을 받아 휘어지다가 끊어지면서 땅이 흔들리는 현상.

② 지진이 발생했을 때 생길 수 있는 피해: 땅이 흔들림, 건물이 무너짐, 도로와 다리가 부서짐, 산사태가 일어남, 댐이 무너짐, 지진 해일이 일어남.

7 지진 해일은 바다에서 발생한 지진 때문에 파도가 해안가로 밀려오는 현상으로, 먼 바다에서는 파도의 높이가 낮지만 얕은 바다로 올수록 갑자기 높아져 엄청난 피해를 줍니다.

8 지 진 은 지층이 오랫동안 큰 힘을 받아 휘어지다가 끊어지면서 땅 이 흔들리는 것으로, 우리에게 많은 피 해 를 줍니다.

3일 문학

 어휘 퀴즈

90쪽 / **❶** 계약서 **❷** 임자

92쪽 / **❶** 지푸라기 **❷** 화로

---

1 양옥집 이 층

2 ①

3 ⑤

4 이사, 여덟

5 ⑤

6 ②, ⑤

7 수수께끼 알아맞히기

8 고드름, 삼돌이

지문이 궁금해

"한 지붕 두 가족"

- 글의 종류 창작 동화
- 글의 특징 영수네와 명구네가 주인집의 실수로 인해 같은 집으로 이사를 오게 되어 벌어진 일을 쓴 동화입니다.
- 글의 흐름

| 영수네와 명구네가 같은 집에 동시에 계약을 하여 이사를 옴. | ➡ | 주인 부부가 외국에 가서 어쩔 수 없이 함께 짐을 풀게 됨. |

"풍년 고드름"

- 글의 종류 창작 동화
- 글의 특징 고드름이 되고 싶은 함박눈이 어느 초가집 처마의 고드름이 되면서 겪게 되는 일을 쓴 동화입니다.
- 글의 흐름

| 함박눈인 '나'는 고드름이 되고 싶어서 노력하였고, 어느 초가집 처마의 고드름이 됨. | ➡ | 고드름이 된 '나'는 집 안에서 아이들이 수수께끼 알아맞히기를 하는 모습을 보게 됨. |

---

1 영수네와 명구네는 양옥집 이 층으로 동시에 이사를 왔습니다.

2 주인 부부는 없는 상황이므로, 두 가족이 주인집 아저씨에게 항의하는 장면은 글의 내용과 맞지 않습니다.

3 서로 짐을 옮기려고 엎치락뒤치락하는 모습, 식탁 의자에 먼저 앉으려는 모습 등에서 다급하고 어수선한 분위기를 느낄 수 있습니다.

4 영수네와 명구네는 양옥집 이 층으로 동시에 이사를 와서 두 가족 여덟 식구가 한집에 살게 되었습니다.

5 함박눈은 고드름이 되기 위해 반드시 지붕 위에 내려앉아야 한다고 생각한 것으로 보아, 산이나 들에 내려앉을까 봐 조마조마하였을 것입니다.

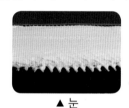
▲ 눈

▲ 고드름

6 함박눈은 고드름이 되고 싶어서 초가지붕 위에 내려앉은 뒤, 동그란 물방울이 되어 처마 끝으로 내려가 지푸라기를 붙잡았습니다.

> **오답을 조심해**
> ① 함박눈은 어느 초가지붕 위에 사뿐히 내려앉았습니다.
> ③ 함박눈은 물방울이 되어 처마 끝으로 내려가다가 지푸라기를 붙잡아 고드름이 되었습니다.
> ④ 고드름이 된 함박눈은 창문에 붙은 손바닥만 한 유리 조각으로 방 안을 들여다보았습니다.

7 삼돌이와 삼순이는 수수께끼 알아맞히기를 하려고 합니다.

8 함박눈인 '나'는 고드름이 되어 삼돌이와 삼순이가 있는 방 안을 들여다보았습니다.

4 인물

 어휘 퀴즈

94쪽 / ❶ 지배 　　❷ 지도자

96쪽 / ❶ 돌림병 　　❷ 모함

---

1 (1) ○

2 ④

3 재경

4 폭력, 인도, 독립

5 ⑤

6 딸, 랴, 까, 냐

7 ②

8 허준, 동의보감

지문이 궁금해

"평화를 사랑한 간디"

- 글의 종류　전기문
- 글의 특징　영국의 지배 아래 있던 인도의 독립을 이끈 간디의 일생과 간디가 추구한 삶의 태도 등을 알 수 있는 전기문입니다.
- 글의 흐름

간디는 인도를 위해 싸우겠다는 결심을 하고 인도에서 독립 운동을 하였음.	→	간디는 절대 폭력을 사용해서는 안 된다며 평화적인 방법으로 독립 운동을 함.

"착한 의사 허준"

- 글의 종류　전기문
- 글의 특징　조선 시대 의원이었던 허준의 성격을 알 수 있는 일화와 『동의보감』을 집필하게 된 과정 등이 나타난 전기문입니다.
- 글의 흐름

허준은 사람들의 병을 고쳐 주느라 의원 시험을 보지 못함.	→	의원이 된 후에도 자신보다 환자를 먼저 생각하며 일함.	→	대궐에서 쫓겨난 뒤에도 열심히 연구하여 『동의보감』을 집필함.

---

1 간디는 단지 인도 사람이라는 이유로 기차에서 쫓겨났습니다.

2 간디는 절대 폭력을 쓰면 안 된다고 주장하였고, 영국 경찰의 탄압 앞에 쓰러지면서도 끝까지 폭력을 쓰지 않았습니다.

3 간디는 독립을 위해 죽음도 두려워하지 않고 애썼으며, 폭력을 쓰지 않고 평화로운 방법으로 독립 운동을 하였다는 점에서 본받을 만합니다.

4 간디가 폭 력 을 쓰지 않고 독립 운동을 한 끝에 인 도 는 1947년에 영국으로부터 독 립 했습니다.

5 허준은 마을 사람들의 병을 고쳐 주다 시험 시간에 늦어서 의원 시험을 보지 못했습니다.

6 허준은 스물아홉 살이 되던 해에 의원 시험에 합격하였고, 혜민서에서 일하게 되어 가난하고 불쌍한 환자들을 정성껏 돌보았습니다. 그러던 중 자신을 아끼던 선조가 세상을 떠난 뒤 모함을 받아 궁궐에서 쫓겨나게 되었습니다. 쫓겨난 뒤에는 책을 쓰기 시작했고 15년 만에 『동의보감』을 완성하였습니다.

7 병을 고쳐 주다가 의원 시험을 보지 못한 점, 돌림병이 돌았을 때에도 환자를 치료한 점으로 보아 허준은 자신보다 아픈 사람을 먼저 생각합니다.

독해 비법　인물의 성격을 파악해요.

- 마을 사람들의 병을 고쳐 주다 시험 시간에 늦어 결국 의원 시험을 보지 못함.
- 나라에 돌림병이 돌았을 때에도 망설임 없이 환자에게 달려가 돌림병을 고쳐 줌.

→ 자신보다 다른 사람을 먼저 생각하는 성격

8 허 준 은 자신보다 환자를 먼저 생각하였으며 열심히 연구하여 『동 의 보 감 』을 지었습니다.

5일 문학

어휘 퀴즈

98쪽 / ❶ 괭이   ❷ 엽전

100쪽 / ❶ 애원   ❷ 당부

---

1 ⑤

2 ③

3 ②, ③

4 요술 항아리, 영감

5 ㉰

6 ⑤

7 ③

8 쇠머리 탈, 소

지문이 궁금해

"요술 항아리"

- **글의 종류** 옛이야기
- **글의 특징** 한 농부가 밭에서 주운 요술 항아리를 여러 사람이 욕심내며 벌어지는 이야기입니다.
- **글의 흐름**

한 농부가 밭에서 요술 항아리를 발견함.	➡	부자 영감이 항아리가 자신의 것이라고 우김.

"소가 된 게으름뱅이"

- **글의 종류** 옛이야기
- **글의 특징** 일하기 싫어하는 게으름뱅이가 쇠머리 탈을 쓰고 소가 되어 벌어지는 이야기입니다.
- **글의 흐름**

게으름뱅이가 한 노인이 건넨 쇠머리 탈을 씀.	➡	게으름뱅이는 소로 변하여 계속 일만 하게 됨.

---

1 항아리에 괭이를 넣으면 괭이가 또 생기고, 엽전을 넣으면 엽전이 계속해서 생겼습니다.

2 농부의 요술 항아리를 빼앗으려는 것으로 보아, 욕심이 많습니다.

3 엽전은 옛날에 사용하던 돈이고, 원님은 옛날에 고을의 원을 높여 이르던 말입니다. 농부, 부자, 항아리는 현재도 사용되는 말입니다.

4 농부가 밭에서 발견한 요술 항아리 덕분에 부자가 되자, 부자 영감이 요술 항아리를 빼앗으려고 하였습니다.

5 노인은 게으름뱅이에게 자신이 갖고 있는 쇠머리 탈을 일하기 싫은 사람이 쓰면 좋은 수가 생긴다고 하였습니다. 그러자 게으름뱅이는 노인에게 탈을 써 보게 해 달라고 마구 졸랐고, 노인이 쇠머리 탈을 게으름뱅이 얼굴에 씌워 주자 게으름뱅이는 진짜 소로 변해 버렸습니다.

6 ㉠은 게으름뱅이가 자신은 소가 아니라 사람이라고 울부짖으면서 한 말이므로, 울부짖으며 애원하는 목소리가 어울립니다.

7 일하기 싫어서 쇠머리 탈을 썼다가 진짜 소로 변해 쉴 새 없이 일했던 게으름뱅이의 이야기를 통해 게으름을 피우지 말고 부지런해야 한다는 교훈을 얻을 수 있습니다.

8 게으름뱅이는 쇠머리 탈을 썼다가 소로 변하여 쉴 새 없이 일을 해야 했습니다.

독해 속 어휘 마무리!

1 (1) ① ○ (2) ② ○ (3) ② ○

2 (1) 땅 (2) 적음 (3) 먹을

3 (1) 질다 (2) 질겨서

4 (1) 소복소복 (2) 데구루루 (3) 엎치락뒤치락

5 (1) 얇은 (2) 두껍다 (3) 무더운

본문 106~109쪽

| 106쪽 / | ① 말 | ② 순발력 |
| 108쪽 / | ① 어울리다 | ② 피로 |

1 ③

2 ④

3 (1) ○ (2) × (3) × (4) ○ (5) ○

4 윷놀이, 전통 놀이, 명절

5 ③

6 (1) 냐이 삽 (2) 다루마오토시 (3) 그림자 사냥

7 그림자 사냥

8 베트남, 일본, 독일

지문이 궁금해

"명절에는 우리 전통 놀이를!"

• 글의 종류 광고문

• 글의 특징 명절에 가족과 한자리에 모여서 우리 전통 놀이인 윷놀이와 제기차기를 하자고 광고하는 글입니다.

• 글의 흐름

| 윷놀이는 윷 네 개를 던져서 나온 것에 따라 윷판에서 말을 움직이는 놀이로, 말이 먼저 돌아오는 편이 이김. | → | 제기차기는 제기를 발로 차는 놀이로, 제기를 땅에 떨어뜨리지 않고 많이 차는 편이 이기는 놀이임. |

"세계의 전통 놀이"

• 글의 종류 소개하는 글

• 글의 특징 베트남의 '냐이 삽', 일본의 '다루마오토시', 독일의 '그림자 사냥' 등의 세계 전통 놀이를 소개하는 글입니다.

• 글의 흐름

| '냐이 삽'은 대나무 사이를 뛰면서 대나무를 피하는 놀이임. | → | '다루마오토시'는 블록을 쌓은 뒤 아래쪽을 쳐서 빼내는 놀이임. | → | '그림자 사냥'은 사냥꾼을 피해 도망을 다니는 놀이임. |

1 명절에 어른과 아이가 한자리에 모여 전통 놀이를 하자고 권하는 광고문입니다.

2 '윷'이나 '모'가 나오거나 상대편의 말을 잡으면 한 번 더 던질 수 있습니다.

독해 비법 글에서 소개한 놀이를 정리해 보아요.

윷놀이	제기차기
• 윷 네 개를 던져서 나온 '도·개·걸·윷·모'에 따라 윷판에서 말을 움직임. • 네 개의 말이 상대편보다 먼저 출발지로 돌아오는 편이 이김.	• 제기를 땅에 떨어뜨리지 않고 발로 많이 차는 편이 이김. • 한 발 차기, 양발차기 등 제기를 차는 방법은 다양함.

3 제기차기는 우리나라 전통 놀이이며, 제기를 땅에 떨어뜨리지 않고 발로 많이 차는 편이 이깁니다. 또한 제기차기를 하면 균형 감각·순발력을 기를 수 있습니다.

오답을 조심해

(2) 우리 전통 놀이로 어른도 아이도 한자리에 모일 수 있다고 하였으므로, 제기차기는 아이들도 할 수 있는 놀이입니다.

(3) 제기차기는 제기를 차는 방법이 다양합니다.

4 어른, 아이가 모여 윷 놀 이 , 제기차기와 같은 전 통 놀 이 를 하면 신나고 즐거운 명 절 을 보낼 수 있습니다.

5 이 글은 각 나라의 전통 놀이를 예로 들어 가며 세계에는 다양한 전통 놀이가 있다는 것을 설명하고 있습니다.

6 각 나라의 전통 놀이가 무엇인지 정리하여 씁니다.

7 '사냥꾼'과 '그림자'라는 말과 내용으로 보아 '그림자 사냥' 놀이에 대해 설명하는 내용입니다.

8 베 트 남 에는 냐이 삽, 일 본 에는 다루마오토시, 독 일 에는 그림자 사냥 놀이가 있습니다.

2일 과학

본문 110~113쪽

110쪽 / ❶ 탈선   ❷ 수은
112쪽 / ❶ 흡수   ❷ 곰팡이

---

1 ②

2 ⑤

3 진수, 재혁, 나영

4 늘어, 줄어, 부피

5 ③

6 ④

7 (1) ○ (2) × (3) ○ (4) ○

8 온도, 먼지, 물기

지문이 궁금해

"부피 변화를 이용해요"

• 글의 종류 설명하는 글

• 글의 특징 기차 철로 사이의 틈, 온도계, 찌그러진 탁구공 펴기 등 물체의 부피 변화를 이용한 사례들을 설명하는 글입니다.

• 글의 흐름

| 철로는 금속 이어서 계절에 따라 부피가 변하므로 사이에 틈을 만듦. | ▶ | 온도계는 수은이나 알코올의 부피 변화를 이용하여 온도를 재는 것임. | ▶ | 찌그러진 탁구공을 뜨거운 물에 넣으면 공 속의 공기가 열을 받아 펴짐. |

"소금의 놀라운 능력"

• 글의 종류 설명하는 글

• 글의 특징 우리 생활 곳곳에서 다양하게 쓰이는 소금의 성질에 대해 설명하는 글입니다.

• 글의 흐름

| 소금은 0도보다 낮은 온도가 되어야 얼기 시작함. | ▶ | 소금은 먼지를 달라붙게 하는 성질이 있음. | ▶ | 소금은 물기를 흡수하는 성질이 있음. |

---

1 물체의 부피는 온도에 따라 많이 달라집니다. 온도가 높으면 부피가 늘어나고, 온도가 낮으면 부피가 줄어듭니다.

2 금속의 부피가 달라졌을 때 무게가 어떻게 변하는지에 대한 내용은 이 글에 나와 있지 않습니다.

3 온도계를 얼음물 속에 넣으면 온도가 내려가 수은의 부피가 줄어들게 됩니다. 따라서 동호는 글의 내용을 바르게 이해하지 못했습니다.

4 우리 주변에는 온도가 올라가면 **늘 어** 나고 온도가 내려가면 **줄 어** 드는 물체의 **부 피** 변화를 이용한 것들이 많습니다.

5 이 글은 소금의 다양한 성질을 설명하고 있습니다.

독해 비법 글에서 알려 주는 정보를 정리해 보아요.

소금의 성질	쓰임
짠 맛이 있음.	음식에 넣는 양념으로 사용함.
어는 온도가 0도 보다 낮음.	• 추운 겨울날 눈이 쌓인 길에 뿌리기도 함. • 추운 겨울날 빨래를 할 때에 소금을 넣고 헹굼.
먼지를 달라붙게 함.	양탄자에 굵은 소금을 뿌리고 청소기로 빨아들임.
물기를 흡수함.	장마철에 신발장이나 옷장에 소금을 넣어 둠.

6 글의 내용으로 보아, 빨래에 남아 있는 소금기 때문에 어는 온도가 낮아지기 때문이라는 뜻임을 알 수 있습니다.

7 소금은 물을 흡수하는 성질이 있으므로, 신발장에 넣어 두면 습기가 줄어듭니다.

8 **소 금** 은 물보다 어는 **온 도** 가 낮고, **먼 지** 를 달라붙게 하고 **물 기** 를 흡수하는 성질이 있습니다.

3일 문학

본문 114~117쪽

어휘 퀴즈

114쪽 / ① 수군거리다 ② 형형색색

116쪽 / ① 샛길 ② 소스라치다

1 ②, ③
2 ③
3 ①
4 임금, 신하
5 동굴(동굴 안)
6 ④
7 ㉰, ㉮, ㉺, ㉯, ㉭
8 베키, 동굴, 연줄

지문이 궁금해

"어린 임금님"

• 글의 종류 동화

• 글의 특징 어린 임금이 화려한 겉모습을 중요하게 여기던 자신을 반성했다는 내용의 동화입니다.

• 글의 흐름

어린 임금이 꿈속에서 대관식 때 입을 화려한 옷차림을 위해 고생하는 사람들을 보고 자신을 반성함.
⇒
| 어린 임금이 누더기 옷을 입자 사람들이 비웃지만 해가 비쳐 태양처럼 빛나자 모두 감탄하였고 반성함. |

"톰 소여의 모험"

• 글의 종류 동화

• 글의 특징 평범한 개구쟁이 소년인 톰 소여가 우연히 살인 사건을 목격하게 된 후 겪게 되는 모험을 쓴 이야기입니다.

• 글의 흐름

톰과 베키는 동굴 탐험을 하던 중 길을 잘못 들었다가 인디언 조를 만나게 됨.
⇒
| 톰과 인디언 조는 서로 도망을 치고 톰은 밖으로 나가기 위해 불빛을 따라감. |

1 어린 임금은 어린 노예가 진주를 찾다가 숨이 멎고 사람들이 보석을 찾다가 굶어 죽거나 병에 걸려 쓰러지는 꿈을 꾸었습니다.

2 백성들이 자신 때문에 고통받는 꿈을 꾸고 난 뒤 화려한 옷과 왕관을 모두 치우고 누더기 옷을 입은 것으로 보아, 어린 임금은 화려한 것만 찾았던 자신이 부끄러웠음을 알 수 있습니다.

3 이 글은 겉모습만 중요하게 생각하는 것이 잘못된 것임을 깨닫게 해 주는 동화입니다.

4 어린 임금 과 백성, 신 하 들은 화려한 겉모습을 중요하게 생각했던 자신들을 반성하였습니다.

5 톰과 베키가 동굴 탐험을 하면서 벌어진 일을 쓴 이야기입니다.

6 톰은 계단을 따라 올라가면 무엇이 있을지 궁금해한 것으로 보아 호기심이 많습니다. 또한 길을 잃었을 때도 당황하거나 무서워하지 않고 베키를 격려하며 용기 있게 행동한 것으로 보아 침착하고 용감합니다. 또 연줄을 이용해 동굴을 빠져나온 것으로 보아 영리합니다.

7 톰은 베키와 함께 동굴 탐험을 하던 중 이상한 계단을 발견하고 따라갔습니다. 구불구불한 샛길을 한참 걷던 톰과 베키는 동굴 속에서 길을 잃어버리고 말았습니다. 톰은 주머니에서 연줄을 꺼내 바위 끝에 묶고 앞으로 나아가던 중 인디언 조를 발견하고 재빨리 몸을 낮추었습니다. 그리고 계속 연줄을 풀면서 나아가다가 불빛을 발견하였고 밖으로 나가는 구멍을 찾았습니다.

8 톰은 베 키 와 동 굴 속에서 길을 잃고 인디언 조를 만나 놀랐지만, 연 줄 을 이용하여 밖으로 나가는 구멍을 발견했습니다.

 예술

본문 118~121쪽

1 ④

2 (1) 공격　(2) 대결

3 (1) ✕　(2) ✕　(3) ◯　(4) ◯

4 태권도, 무술, 격파

5 ①, ③, ⑤

6 (3) ◯

7 (1) 단　(2) 중국　(3) 보호

8 우슈, 산타

지문이 궁금해

"태권도"

- 글의 종류　설명하는 글
- 글의 특징　우리 고유의 무술인 태권도의 뜻과 품새, 겨루기, 격파 등에 대해 설명하는 글입니다.
- 글의 흐름

우리 고유의 무술인 태권도는 발로 차고 주먹으로 지르는 무술이며, 몸과 마음을 다스리는 무술임.	➡	태권도에는 품새, 겨루기, 격파 등이 있으며, 2000년 시드니 올림픽에서 정식 종목으로 채택됨.

"우슈"

- 글의 종류　설명하는 글
- 글의 특징　중국 전통 무술 중 하나인 우슈의 종류와 종목에 따라 다른 경기장, 복장 등을 설명하는 글입니다.
- 글의 흐름

우슈는 크게 투로와 산타로 나뉘며 투로는 무술을 연기, 산타는 승부를 겨루는 것임.	➡	우슈는 1990년 아시안 게임에 정식 종목으로 채택되었으며, 종목에 따라 경기장과 복장이 다름.

---

1 이 글은 태권도에 대해 설명하는 글로, 중심 낱말은 '태권도'입니다.

2 세 번째 문단에 태권도의 품새, 겨루기, 격파에 대한 내용이 나와 있습니다.

3 태권도는 무술 단련뿐만 아니라 마음도 다스리는 운동이며, 2000년 시드니 올림픽에서 정식 종목으로 채택되었습니다.

> **오답**을 조심해
>
> (1) 태권도에서 '권'은 주먹과 싸움을 뜻합니다.
> (2) 태권도는 삼국 시대에도 널리 행해졌다고 하였습니다.

4 | 태 | 권 | 도 | 는 아주 옛날부터 있던 우리 고유의 | 무 | 술 | 로, 태권도에는 품새, 겨루기, | 격 | 파 | 가 있습니다.

5 우슈를 만든 사람과 우리나라에 우슈가 소개된 때에 대한 내용은 이 글에 나와 있지 않습니다.

6 (1)과 (2)는 투로에 대한 설명입니다.

7 세 번째 문단에 투로 경기와 산타 경기의 경기장과 복장에 대해 나와 있습니다.

독해 비법 글에서 알려 주는 정보를 정리해 보아요.

	투로	산타
특징	무술을 연기하듯이 표현함.	체급이 같은 선수끼리 대결하여 승부를 겨룸.
경기장	길이 14미터, 너비 8미터의 융단 위	높이 80센티미터, 길이 8미터, 너비 8미터의 단 위
복장	중국 전통 의상	• 글러브, 헤드기어 등과 같은 보호 장비 • 맨발

8 | 우 | 슈 | 는 중국 전통 무술 중 하나로 크게 투로와 | 산 | 타 | 로 나뉩니다.

5일 문학

본문 122~125쪽

어휘 퀴즈

122쪽 / ❶ 촌장 ❷ 배필

124쪽 / ❶ 순진하다 ❷ 질투

1 ②

2 ⑤

3 ㉮, ㉰, ㉯, ㉱

4 알, 서라벌

5 ②

6 ①, ④

7 ③

8 옷, 바다

지문이 궁금해

"알에서 태어난 박혁거세"

• 글의 종류 신화

• 글의 특징 박혁거세에 대한 신화입니다.

• 글의 흐름

알에서 박혁거세가 태어나고, 용이 알영을 낳음.	→	둘은 배필이 되고, 박혁거세는 '서라벌'이라는 나라를 세움.

"영웅 헤라클레스의 최후"

• 글의 종류 신화

• 글의 특징 헤라클레스에 대한 신화입니다.

• 글의 흐름

데이아네이라가 네소스의 피가 묻은 옷을 헤라클레스에게 입힘.	→	데이아네이라가 후회하며 죽었고, 이를 본 헤라클레스도 죽음.

1 성은 박처럼 생긴 알에서 나왔다고 하여 '박'으로 정했습니다.

2 서라벌은 서벌, 사라, 사로, 계림으로도 불렸고, 한참 뒤에 신라로 바뀌었습니다.

3 여섯 촌장들이 남쪽 우물가에서 커다란 알을 발견하고, 그 알에서 나온 사내아이에게 '박혁거세'라는 이름을 지어 주었습니다. 어느 날, 알영정이라는 우물가에 나타난 용이 낳은 여자아이에게 사람들은 '알영'이라고 이름을 지어 주었고, 박혁거세의 배필로 삼았습니다. 사람들은 박혁거세를 왕, 알영을 왕후로 삼았고 박혁거세는 '서라벌'이라는 나라를 세웠습니다.

4 알 에서 태어난 박혁거세는 알영을 왕후로 삼았고, 서 라 벌 이라는 나라를 세웠습니다.

5 헤라클레스와 데이아네이라가 화해하는 장면은 이 글에 나오지 않습니다.

6 네소스가 시키는 대로 한 것으로 보아, 다른 사람의 말을 잘 믿는 성격입니다. 또, 헤라클레스가 소녀에게 따뜻하게 대해 주는 것을 질투한 것으로 보아 질투심이 많습니다.

7 ㉠은 헤라클레스가 아내를 잃고 슬퍼하는 상황에서 한 말이므로 힘없고 슬픈 목소리가 어울립니다.

8 헤라클레스가 피가 묻은 옷 을 입고 고통스러워하자 데이아네이라는 바 다 에 몸을 던졌고, 헤라클레스도 자신의 몸을 불태웠습니다.

독해 속 어휘 마무리!

본문 126~127쪽

1 (1) 발 (2) 선 (3) 샘

2 (1) 깨끗이 (2) 맞추다 (3) 제기 (4) 샛길 (5) 수군거리며 (6) 헹구면

3 (1) 피곤 (2) 틈새 (3) 비명

4 (1) 밖 (2) 졌다 (3) 앉아서

본문 130~133쪽

어휘 퀴즈

130쪽 /	① 덕목	② 운영
132쪽 /	① 정복	② 느긋하다

1 ④

2 ④

3 ④

4 조선, 서당

5 ②, ③

6 (1) ○ (2) × (3) × (4) ○ (5) ×

7 다, 마, 라, 나, 가

8 로마 제국, 멸망

지문이 궁금해

"서당"

· 글의 종류 설명하는 글

· 글의 특징 조선 시대 아이들이 공부를 하기 위해 다녔던 학교인 서당에 대해 설명하는 글입니다.

· 글의 흐름

조선 시대의 아이들은 서당에 다니며 공부를 함.	→	서당에서 한자, 유교 덕목, 역사 등을 배움.	→	서당마다 운영하는 방식이 조금씩 달랐음.

"로마 제국"

· 글의 종류 설명하는 글

· 글의 특징 로마 제국의 탄생과 역사에 대해 설명하는 글입니다.

· 글의 흐름

로마는 다른 나라를 정복해 국토를 넓힘.	→	로마 시민들은 여가 시간을 다양하게 보냄.	→	로마 제국은 4세기 무렵 어려움에 처해 멸망함.

1 서당에 입학하면 처음에 『천자문』을 배웠습니다.

2 서당에서는 아이가 책 한 권을 다 떼면 그 아이의 부모가 음식을 마련하여 잔치를 벌이는 '책거리'를 했습니다.

3 서당은 나라에서 운영하는 교육 기관이 아닙니다.

독해 비법 글에서 알려 주는 정보를 정리해 보아요.

서당	
평균 입학 시기	7~8세
평균 졸업 시기	15~16세
학습한 학문	『천자문』, 『동몽선습』, 『소학』, 『통감』, 『논어』 등
수업료	쌀이나 옷, 땔감 등

4 조선 시대의 아이들은 서당 에서 한자, 역사, 유교의 덕목 등을 배웠습니다.

5 로마 제국은 넓은 땅을 빠르게 이동하기 위해 끊임없이 도로와 다리를 만들었습니다.

6 로마 제국의 시민들은 공중목욕탕에서 목욕을 하였고, 로마 제국에는 하수도와 배수구를 갖춘 깨끗한 공중화장실도 있었습니다.

오답을 조심해

⑵ 로마의 집에는 대부분 목욕탕이 없었습니다.
⑶ 로마 시민들은 일 년에 100일 정도를 쉬었습니다.
⑸ 시민들도 검투사 경기나 전차 경주를 구경했습니다.

7 로마 제국은 이탈리아 테베레강 지역에 나라를 세운 뒤, 다른 나라를 정복하여 이탈리아 전체를 손에 넣었습니다. 오랜 세월 뒤 로마 제국은 동로마 제국과 서로마 제국으로 나뉘었고, 서로마 제국은 476년에, 동로마 제국은 1453년에 멸망했습니다.

8 이탈리아에 세워진 로마 제국 은 부강해졌다가 4세기 무렵 어려움에 처했고 결국 멸망 했습니다.

 과학

본문 134~137쪽

어휘 퀴즈

134쪽 / ❶ 발전   ❷ 유출
136쪽 / ❶ 연료   ❷ 재생

1 ③
2 (1) 물 (2) 석탄 (3) 원자력 발전
3 수력 발전
4 수력, 화력, 전기
5 ①, ③
6 풍력 에너지
7 ②
8 재생, 환경

 지문이 **궁금해**

"전기를 만드는 방법"

• 글의 종류 설명하는 글
• 글의 특징 전기를 만드는 방법인 수력 발전, 화력 발전, 원자력 발전의 장점과 단점을 설명하는 글입니다.
• 글의 흐름

| 수력 발전은 물의 힘을 이용하여 전기를 만듦. | → | 화력 발전은 석탄이나 석유를 이용하여 전기를 만듦. | → | 원자력 발전은 우라늄을 이용하여 전기를 만듦. |

"재생 에너지"

• 글의 종류 설명하는 글
• 글의 특징 풍력 에너지, 태양열 에너지, 지열 에너지, 바이오 에너지 등의 재생 에너지에 대해 설명하는 글입니다.
• 글의 흐름

| 풍력 에너지는 바람의 힘, 태양열 에너지는 태양의 열을 모아서 에너지를 만듦. | → | 지열 에너지는 땅속의 열을, 바이오 에너지는 동식물을 원료로 하여 에너지를 만듦. |

---

1 이 글은 전기를 만드는 방법인 수력 발전, 화력 발전, 원자력 발전의 장점과 단점에 대해 설명하고 있습니다.

2 이 글의 두 번째 문단에 수력 발전으로 전기 에너지를 만드는 방법, 세 번째 문단에 화력 발전으로 전기 에너지를 만드는 방법, 네 번째 문단에 원자력 발전으로 전기 에너지를 만드는 방법이 나타나 있습니다.

3 수력 발전은 오염 물질을 발생시키지 않는다고 하였습니다.

오답을 조심해

화력 발전은 오염 물질을 많이 배출하며, 원자력 발전은 수많은 사람이 목숨을 잃을 위험이 있는 방사능을 유출할 수 있으므로 답이 될 수 없습니다.

4 │수│력│ 발전은 물을 이용해서, │화│력│ 발전은 석탄이나 석유를 이용해서, 원자력 발전은 우라늄을 이용해서 │전│기│를 만듭니다.

5 풍력 에너지, 태양열 에너지, 지열 에너지, 바이오 에너지 같은 재생 에너지는 끊임없이 얻을 수 있고 환경을 오염시키지 않습니다.

오답을 조심해

② 석유와 석탄 같은 연료가 점점 줄어들고 지구 온난화 문제가 심각해지면서 재생 에너지를 사용하려는 움직임이 활발해지고 있다고 하였으므로 재생 에너지가 지구 온난화 문제를 일으키는 것은 아닙니다.
④ 이와 같은 내용은 나와 있지 않습니다.
⑤ 재생 에너지는 날씨나 자연환경의 영향을 받습니다.

6 바람을 이용하는 풍력 에너지에 대한 설명입니다.

7 햇볕을 잘 받을 수 있는 날은 맑은 날입니다.

8 풍력 에너지, 태양열 에너지, 지열 에너지, 바이오 에너지 같은 │재│생│ 에너지는 계속 얻을 수 있고 │환│경│을 오염시키지 않습니다.

3^일 문학

본문 138~141쪽

138쪽 / ❶ 꾀 ❷ 뒤쫓다

140쪽 / ❶ 뱅글뱅글 ❷ 쓸모

---

1 ①

2 ㉰, ㉮, ㉯, ㉱

3 ④

4 떡시루

5 ②

6 ②

7 ②

8 방귀, 쓸모

지문이 궁금해

"떡시루 잡기"

· **글의 종류** 옛이야기

· **글의 특징** 호랑이가 떡을 혼자 먹기 위해 꾀를 내어 두꺼비에게 내기를 제안한 내용의 이야기입니다.

· **글의 흐름**

호랑이는 꾀를 내어 두꺼비에게 떡시루 잡기 내기를 하자고 제안하였음.	➡	떡시루 안에 있던 떡이 모두 밖으로 떨어져 나와서 두꺼비와 친구들이 나누어 먹게 됨.

"며느리 방귀는 못 말려"

· **글의 종류** 옛이야기

· **글의 특징** 며느리가 방귀 때문에 친정으로 돌아가게 되었다가, 방귀가 쓸모 있게 쓰여 다시 집으로 돌아오게 되었다는 이야기입니다.

· **글의 흐름**

며느리가 방귀를 뀌자 집 안이 온통 난리가 났고 시아버지가 며느리에게 친정으로 돌아가라고 함.	➡	친정으로 가는 길에 며느리가 감나무의 감을 방귀로 따 주자 시아버지가 다시 집으로 데려감.

---

1 떡이 다 떨어진 줄도 모르고 무조건 떡시루만 쫓아 달린 것으로 보아 호랑이는 어리석습니다.

2 산꼭대기에서 떡시루를 아래로 굴린 뒤 똑같이 열까지 셉니다. 그다음 떡시루를 뒤쫓아 가서 떡시루를 먼저 잡는 쪽이 떡을 다 먹는 것입니다.

3 앞의 내용과 자연스럽게 이어지는 내용을 찾아봅니다. 떡시루가 굴러가면서 떡이 계속 떨어져 나온 것으로 보아 호랑이가 잡은 떡시루에는 떡이 하나도 남아 있지 않았을 것입니다.

> ### 오답을 조심해
> ① 두꺼비는 친구들과 떨어진 떡을 주워 나누어 먹었으므로 배가 많이 고프지 않을 것입니다.
> ② 호랑이는 떡시루를 붙잡느라 떡을 먹지 못했으므로 배가 부르지 않을 것입니다.
> ③ 두꺼비는 떡시루 밖에 있었습니다.
> ⑤ 떡시루 속의 떡은 이미 두꺼비와 친구들이 다 먹은 상황입니다.

4 떡시루 잡기 내기를 하던 호랑이는 떡이 모두 떨어진 것도 모르고 │떡│시│루│를 뒤쫓아갔고, 두꺼비는 떡을 친구들과 나눠 먹었습니다.

5 며느리는 방귀 때문에 집에서 쫓겨나 친정으로 가는 길에 산모퉁이에서 쉬었습니다. 그리고 시아버지께 감을 따 드린 덕분에 시아버지를 따라 다시 집으로 돌아왔습니다.

6 방귀를 뀌고 나자 누렇던 며느리의 얼굴이 다시 예전처럼 고와졌습니다.

7 시아버지는 단점인 줄만 알았던 며느리의 방귀 덕분에 맛있는 감을 먹고 며느리의 방귀도 쓸모가 있다는 것을 알았습니다.

8 며느리는 │방│귀│ 때문에 쫓겨났지만, 시아버지가 며느리의 방귀도 │쓸│모│ 있다는 것을 알게 되어 며느리와 다시 집으로 돌아왔습니다.

4일 인물

본문 142~145쪽

 어휘 퀴즈

142쪽 / ❶ 아동　　　　❷ 국제

144쪽 / ❶ 몰두　　　　❷ 궁리

---

1 ⑤

2 ②, ④

3 ④

4 어린이날, 꿈, 희망

5 ⑤

6 ㉮, ㉱, ㉯

7 ②

8 라이트 형제, 비행기

지문이 궁금해

"어린이들의 등대 방정환"

• 글의 종류　전기문

• 글의 특징　어린이를 사랑하고, 어린이들에게 꿈과 희망을 주기 위해 많은 일을 한 방정환에 대한 전기문입니다.

• 글의 흐름

방정환은 어린이들을 위해 '색동회'를 만듦.	→	방정환은 어린이날을 정하고 어린이날 행사도 엶.	→	방정환은 한평생 어린이를 위해 일하였음.

"라이트 형제의 비행기"

• 글의 종류　전기문

• 글의 특징　세계 최초로 동력 비행기를 만들어 하늘에 나는 일에 성공한 라이트 형제에 대한 전기문입니다.

• 글의 흐름

라이트 형제는 자신들의 꿈인 하늘을 나는 차를 만들기 위해 연구에 몰두했음.	→	라이트 형제는 하늘을 나는 세계 최초의 동력 비행기를 만들 수 있었음.

---

1 방정환은 어린이들이 그린 그림 중에서 꿈과 희망, 독립 의지가 담긴 그림을 골라 '국제 아동 미술 박람회'에 보냈습니다.

2 나라를 잃고 너무 가난해서 제대로 먹지도 입지도 못하고 있었으며, 어른들처럼 하루 종일 일하는 어린이들도 있었습니다.

3 어린이를 위해 한평생 일한 것으로 보아, 방정환은 어린이를 아끼고 사랑합니다.

독해 비법 인물의 성격을 파악해요.

• 방정환은 어린이들을 위한 단체인 '색동회'를 조직함.

• 방정환은 어린이날을 만들고 어린이들을 위한 다양한 행사를 열었음.

• 방정환은 '아동 미술 박람회'를 엶.

→ 방정환은 어린이를 아끼고 사랑함.

---

4 방정환은 색동회, 어 린 이 날 등을 만들었고 어린이에게 꿈 과 희 망 을 밝혀 주는 등대로 기억되고 있습니다.

5 라이트 형제는 어릴 적 꿈인 하늘을 나는 차를 만들기 위해 자전거 가게를 그만두었습니다.

6 라이트 형제는 먼저 박쥐 모양의 연을 만들어 많은 실험을 통해 날개와 바람의 방향이 잘 맞아야 연이 잘 뜬다는 것을 알게 되었습니다. 그리고 글라이더를 만들어 비행에 성공하였습니다. 글라이더를 오래 날릴 방법을 궁리하던 라이트 형제는 엔진과 프로펠러를 달은 비행기를 만들어 세계 최초의 동력 비행에 성공하였습니다.

7 라이트 형제는 비행기를 타고 하늘을 나는 데 성공하여 무척 기쁘고 신났을 것입니다.

8 라 이 트 형 제 는 세계 최초로 동력 비 행 기 를 만들어 하늘을 날았습니다.

 **5일 문학**

본문 146~149쪽

 어휘 퀴즈

146쪽 / **1** 엄청나다　**2** 사소하다

148쪽 / **1** 빈손　**2** 통쾌하다

1 ②

2 ⑤

3 ①

4 사나이, 약속

5 (3) ○

6 ②

7 ⑤

8 흥부, 놀부

지문이 궁금해

"『피리 부는 사나이』를 읽고"

· 글의 종류　독서 감상문

· 글의 특징　『피리 부는 사나이』를 읽게 된 까닭, 내용, 생각이나 느낌 등을 쓴 독서 감상문입니다.

· 글의 흐름

책을 선택한 까닭	→	책의 내용에 대한 소개	→	생각이나 느낌

"『흥부와 놀부』를 읽고"

· 글의 종류　독서 감상문

· 글의 특징　『흥부와 놀부』를 읽게 된 까닭, 내용, 생각이나 느낌 등을 쓴 독서 감상문입니다.

· 글의 흐름

책을 선택한 까닭	→	책의 내용에 대한 소개	→	생각이나 느낌

1 글쓴이는 표지 그림을 보고 내용이 궁금하여 책을 읽어 보았습니다.

2 ㉠은 『피리 부는 사나이』라는 책에서 인상 깊은 부분과 그 까닭을 쓴 부분입니다.

독해 비법 이 글을 통해 '독서 감상문'의 특징을 살펴보아요.

독서 감상문	
뜻	책을 읽고 느낀 점이나 자신의 생각 등을 자유롭게 표현하는 글.
들어가는 내용 ⑩	· 책 제목 · 책을 읽게 된 까닭 · 책 내용 · 책에서 인상 깊은 부분과 그 까닭

3 글쓴이가 앞으로는 사소한 약속이라도 지키도록 노력해야겠다고 다짐한 것으로 보아, 약속을 잘 지켜야 한다는 교훈을 얻었음을 알 수 있습니다.

4 『피리 부는 사나이』는 피리 부는 **사** **나** **이** 가 아이들을 데려간 이야기로 **약** **속** 을 잘 지켜야 한다는 교훈을 줍니다.

5 이 글은 책을 읽고 난 뒤 책의 내용과 책에 대한 자신의 생각이나 느낌 등을 쓴 독서 감상문입니다.

6 흥부는 재산을 모두 빼앗기고, 빈손으로 쫓겨났는데도 형님인 놀부를 원망하지 않았습니다.

7 제비 다리를 고쳐 준 것을 보고 글쓴이는 흥부가 작은 생명도 귀하게 여긴다고 느꼈을 것입니다.

8 『흥부와 놀부』는 착한 **흥** **부** 와 욕심 많은 **놀** **부** 가 주인공인 이야기로, 착한 사람은 결국 복을 받는다는 교훈을 줍니다.

독해 속 어휘 마무리!

본문 150~151쪽

1 (1) ① ○　(2) ② ○　(3) ① ○　　**3** (1) 꿴다　(2) 끼기　　**5** (1) 옮겼다　(2) 괴롭히면　(3) 잃어버렸다

2 (1) 불　(2) 줄　(3) 공중　　**4** (1) 사소한　(2) 느긋한　(3) 뜨거운

초능력 국어 독해 **2** 단계 학년

정답 및
풀이

초능력 국어 독해